아버지,
나의 아버지

:: 천성옥의 다른 책들

• 천하보다 귀한 선물(기도시), 종려가지, 2023년.

아버지, 나의 아버지

1판 인쇄일 2025년 1월 22일
1쇄 발행일 2025년 1월 27일

지은이 _ 천성옥
펴낸이 _ 한치호
펴낸곳 _ 종려가지
등록 _ 제311-2014-000013호(2014. 3. 20)
주소 _ 서울특별시 은평구 은평로 14길, 9-5
 전화 02. 359. 9657
디자인 _ 표지 이순옥 / 본문 구본일
제작대행 세줄기획(02. 2265. 3749)
영업대행_두돌비(02.964.6993)

값 16,000 원

ISBN 979-11-90968-94-2

ⓒ 2025, 천성옥

문서사역에 대한 문의는 010. 3738. 5307로 해주십시오.

아버지, 나의 아버지

천성옥 지음

문서사역
종려가지

추모시_

아버지, 그리고

그곳에 가면
싹이 난 아버지의 땀방울이
아침 햇살에 영롱하게 빛난다

그곳에 가면
투명한 아버지의 휘파람소리가
복숭아꽃이 눈을 뜨는 소리처럼 들린다

그곳을 생각하면
지워지지 않는 아버지의 음성이
천상의 곡조로 리플레이 되어 들린다.

그곳을 생각하면
칠남매의 영상이, 운율담은 메아리가
팝콘처럼 앞 다투어 나온다.

그곳을 거닐 때면
아버지의 호탕한 웃음소리가,
묵상의 기도소리가 생생하게 들린다.

아버지를 부르면
그래, 오냐~ 라는 말풍선이
솜사탕 되어 온 하늘을 메운다.

삼십년 전에 떠나가신 당신은
매일 흔들리는 귓가에 속삭이신다.
자족하고, 감사하며 살라고

차 례

1. 화두 ································· 9

2. 기억, 기억들 ···················· 43

3. 천국 갈 준비 ··················· 89

4. 주보 ······························· 109

5. 예수님이시라면 ··············· 173

6. 새벽을 채색하다 ············· 189

7. 배우자를 위한 기도 ········ 205

작가의 말 ···························· 239

1. 화두

    봄볕이 눈부시게 쏟아지는 4월의 한 낮. 햇살이 창문을 두드리며 그녀를 유혹한다. 봄나들이를 재촉하는, 집을 떠나 생동하는 자연을 따라 목적지 없이 무작정 드라이브하고픈, 강변의 찻집에서 물을 바라보며 사색에 잠기고 싶은, 잔잔한 마음을 유혹하는 화창한 봄날이다. 마음을 흔들어 놓는 햇살을 등지고 그녀는 노트북을 열었다. 봄날의 유혹을 뿌리치고 노트북을 펼친 것은 며칠 전 대화중에 했던 그 약속을 지키기 위함이었다. 아무것도 쓰지 않은 깨끗한 시트를 열었다. 시트 위에 숨어있던 수없이 많은 자음과 모음이 무리를 지어 춤을 추었고, 행간을 누비고픈 활자들이 어서 배치해 달라고 재촉하는 듯 했다. 화면을 응시하다가 시트 위에 한자씩 글을 써내려가기 시작했다. 에세이, 소설, 자서전, 신앙서적이란 글자를 썼다가 지우기를 반복한다. 햇살만 가득한 집안에서 정자세로 앉아있던 그녀는 누군가와 이야기를 나누는 듯 했다. 그녀의 인생에 빼 놓을 수 없는 아버지를 읊조리고 있었다. 하늘 아버지와 낳아주신 아버지가 늘 그녀의 삶에 늘 공존하기 때문이다. 그녀는 1994년 11월 27일 천국으로 떠나가신 아버지가 그립다고 하였다. 천국에서 하나님 우편에 앉아 자녀들을 위해 기도하고 계실 아버지를 추억하고 싶다고 했다.

그녀는 태어날 때부터 허약하게 태어났다고 했다. 신장과 체격이 작아 나이보다 어려 보이는, 영혼이 맑고 투명한, 하얀 피부를 가진 얼굴로 시골에서도 도회지 아이 같다는 호기심 어린 시선을 받으며 살았다. 하나님과 사람들에게 사랑을 듬뿍 받았던 그녀 이름은 벼리라고 했다. 노트북을 열어 행간을 누비며 벼리와 아버지의 추억 여행을 떠나기로 했다. 그녀의 삶속에 깊이 자리한 영과 육의 두 분의 아버지와 쌓여있는 추억 속의 대화를 나누기로 한 것이다.

벼리의 다문 입술을 바라보며 입술이 열려지길 조용히 기다렸다. 지그시 눈을 감고 생각에 잠겼던 벼리는 감았던 눈을 떴다. 그리고 운을 떼기 시작했다.

세상에서 가장 존경하는 사람이 누구냐고 물으면 친구들은 흔히 위인을 꼽았다. 하지만 벼리의 대답은 언제나 가장 존경하는 사람은 아버지였다. 세상에서 가장 훌륭한 사람을 물어도 아버지라고 대답했고, 세상에서 가장 자랑스러운 사람도 아버지라고 대답하였다고 했다. 그녀의 아버지는 다른 아버지들과 달랐다고 한다. 하나님을 경외하는 사람이었고, 자녀에 대한 교육열이 매우 높았다. 어리지만 자녀들의 인격을 존중했고, 모든 자녀들에게 동일한 사랑의 크기로 아낌없이 사랑을 쏟았다. 아들선호사상이 팽배했던 시대였지만 딸과 아들을 구분하지 않고 어느 쪽으로 치우치지 않게 동일한 크기로 사랑해 주었다고 했다. 그녀의 부모님은 매일 새벽마다 자녀들의 머리 위에 손을 얹고 한사람씩 기도를 해줬다고 했다. 자녀의 신앙생활을 위해, 학교생활과 친구관계에 대해, 앞으로의 미래에 대한 삶의 전반적인 것에 대해 기도하고, 하나님이 자녀들을 이 땅에 보내주신 뜻을 이루어 드리는 자녀들이 되도록 축복해 주었다고 했다. 아버지는 일곱 명이나 되는 자녀들을 대할 때 언제나 웃는 얼굴로 다정다감하게 대했다. 아들과 딸을 구분하지 않고 똑같은 무게로 자녀를 존중하고 사랑해 주신 분이었다고 했다. 친구처럼 편안한 아버지였다. 격 없이 친구처럼 지냈지만 아버지를 향한 존경심은 일곱 남매 모두에게 하나님 다음으로 최상의 위치에 있었다고 했다. 벼리는 하나님 아버지가 일곱 남매에게 좋은 부모님을 선물로 보내주셨고, 훌륭한 부모님을 통해서 일곱 남매가 말씀으로 양육 받으며 축복받을 수 있는 환경을 주셔서 가능했던 이야기라고 자랑스럽게 힘주어 말했다.

그녀의 아버지는 자랑스럽게 말씀하셨다.
"내가 천국에 가면 하나님께 굳은살 있는 내 손을 펴서 보여줄 거야. 이렇게 열심히 하나님 일을 하다 왔다고 보여 줄 거야."
아버지는 69세에 하나님 나라로 떠나셨다. 벼리는 하나님이 교회 일로 분주하고 어깨가 무거운 아버지를 당신 곁에서 편히 쉬게 하시려고 일찍 데려가신 것이라고 했다.

그녀의 아버지가 장로로 섬기던 교회가 70년대부터 부흥하기 시작하여 앉을 자리가 없을 만큼 부흥이 되자 교회를 증축해야 할 시점에 이르게 되었다. 아버지가 살고 있던 마을은 섬기던 교회에서 십리나 떨어진 곳에 있었다. 같은 마을에 살고 있는 성도들 이십여 명은 이참에 자신들의 마을에 교회를 개척하자고 뜻을 모았다. 섬기던 교회에서도 기도로 후원하여 파송하는 형식으로 그녀가 살고 있는 마을에 교회를 개척하기로 결정하였다.

교회를 개척할 때는 언제나 성령을 훼방하려고 마귀가 호시탐탐 기회를 노린다. 마귀의 세력에 지배받던, 겉은 보리와 똑 같은 깜부기가 함께 끼어있었다. 교회를 개척하기 전까지는 깜부기 씨앗이 보리밭에 떨어져 함께 자라고 있다는 것을 아무도 알지 못했다. 겉으로는 똑같은 보리 같았고, 영양상태가 좋아 쑥쑥 잘 자라는 보리의 모습이었다. 교회를 개척한 후 보리밭에 숨어있던 깜부기의 진면목을 모두가 보았다. 보리가 익어갈 무렵 깜부기는 숨겨왔던 검은 색의 얼굴을 드러냈다. 그가 움직일 때마다 검은 가루가 주변에 바이러스를 퍼트렸다.

그녀의 아버지는 깜부기로부터 보리밭을 지키기 위해 열심히 소독하고 기도로 날마다 하나님께 부르짖었다. 해마다 깜부기로부터 보리밭을 지키기 위해 소독하고 기도하던 아버지는 1994년 11

월 27일 천국으로 떠나셨다.

아버지를 잃은 슬픔은 그녀에게는 캄캄한 광야에 홀로 남겨진, 가야할 길이 전혀 보이지 않는, 맑은 하늘에서 갑자기 낙뢰가 쉼 없이 쏟아지는 것과 같았다고 했다. 하늘이 무너져 내리고, 가족들을 보호해 주던 지붕이 날아가고, 지붕을 지탱해주던 기둥마저 뽑힌 것 같은 상실감이었다고 했다. 날마다 기도해 주며 영적으로 힘을 주던 아버지가 곁에 계시지 않는 것은 미래가 보이지 않는 암담하고 캄캄한 밤으로 느껴졌다고 했다. 이 땅에서 아버지와 이별한 것에 대한 고통은 그 무엇과도 비교할 수 없었다. 자신에게 있는 모든 것을 잃는 고통보다 큰 것 이었다고 했다. 일상생활을 위해 가까스로 정신을 차리고 천국에서 다시 만날 날을 소망하며 성령님의 위로와 믿음의 형제자매들에게 이별과 상실의 슬픔을 위로받았다고 했다. 그리고 천국으로 가시는 아버지를 편안히 보내드렸다고 했다. 아버지가 천국에 가신 이야기를 하던 벼리는 세월이 흘러 벌써 30년 전의 일이 되었다고 했다. 그러는 사이 자신은 60대 중반에 이르렀다고 했다.

그녀의 아버지가 천국으로 가시기 이틀 전 저녁부터 통증이 심해졌다. 아버지는 농사일을 모두 마치고 병원 진료를 받기 위해 장녀인 인별 언니 집에 와 계셨다. 갑작스런 통증을 견디기 힘 들었는지

"주여, 이제 저를 거두어 주소서."라고 기도를 하셨다. 사태의 심각함을 깨닫고 모든 가족이 인별 언니 집으로 모였다. 그녀의 아

버지는 물 한 방울을 목뒤로 넘길 수 없을 만큼 힘들어했고, 통증이 심해지자 하나님께 이제 천국으로 데려가 달라고 계속 기도했다.

가족회의를 하고 아버지를 서울대학교병원 응급실로 입원을 시켰다. 하루 이틀에 끝날 일이 아니라고 생각했다. 병원에서 오래도록 투병생활을 할 것으로 알고 간병에 대해 의논했다. 벼리는 토요일 오전 근무를 마치고 주말에는 자신이 아버지의 병간호를 하겠다고 자발적으로 서울대병원으로 갔다. 벼리는 직장생활을 하고 있어서 평일에는 간병을 할 수 없었다. 그래서 주말에는 자신이 아버지 곁을 지키겠다고 자원하였다. 처음 맞는 토요일 밤은 엄마와 함께 병원에 입원한 아버지 곁을 지키고 있었다.

침대에 누워계신 아버지의 얼굴을 들여다보았다. 처음 암 진단을 받았을 때 예상 수명은 3개월이라는 짧은 기간만 살 수 있다고 하였다. 나중에 암이라는 것을 알고 아버지는 신앙으로 이겨보겠다고 했다. 3개월의 예상 수명은 일 년을 훌쩍 넘기고 건강하게 살았다. 체중이 많이 줄었지만 얼굴에서는 광채가 나서 기도로 다 나았다고 확신했었다.

직장암 판정을 받고 처음 수술 일자를 잡았을 때 아버지에게는 비밀로 하였다. 아버지에게는 맹장수술을 위해 입원하여 수술한다고 가족이 모두 입을 맞추었다. 아버지는 입원하여 여러 가지 검사를 받으며 시간이 날 때마다 입원중인 환자들에게 예수님을 전했다. 수술 전날까지 같은 병실의 환자들을 위해 위로해 주고, 전도하며 마음의 평안과 회복을 위해 기도해 주었었다.

수술 당일 아침 모든 가족이 병원으로 모였다. 침대에 누워 수술실로 옮겨지는 아버지를 갑자기 멈춰 세웠다. 영별이 남편은 아버지께는 암이라는 사실을 절대 알리면 안 된다는 가족의 만류에도 수술일 아침에 나타나 수술실로 옮겨지는 아버지에게 비밀을 발설하고 말았다.

"아버님, 아셔야 할 일이 있습니다. 아버님은 지금 맹장수술을 하러 가시는 것이 아니고 대장암 수술을 받으러 가시는 겁니다. 최소한 아버님이 알고 수술에 임하셔야 할 것 같아서 가족의 반대에도 제가 알려드리는 것입니다."

영별이 남편의 외침에 침대는 수술실로 옮겨지다가 멈춰 섰다.

"인별아, 지금 저 말이 맞는 말이냐? 장녀 네가 말해봐라."

자녀의 대표인 장녀에게 그녀의 아버지는 물었다.

"아버지가 충격을 받으실까봐 맹장수술로 알려드렸어요."

"나는 하나님을 믿는 사람이고, 기도하는 사람인데 쓸데없이 숨겼구나. 암이라면 난 수술 받지 않을 거야. 수술 후 힘들게 연명하는 것 보다 남은 시간을 하나님께 매달릴 것이야."

수술을 예약 할 당시 담당 의사 선생님은 아버지의 남아있는 예상 수명은 3개월밖에 남지 않다고 하였다. 환자 당사자가 수술을 포기하자 수술실로 향하던 침대는 방향을 돌려 병실로 돌아왔다. 잠시 후 집도를 하려했던 의사 선생님이 병실로 찾아왔다.

"수술하지 않겠다고요? 결정을 잘 하셨습니다. 만일 제가 환자님 입장이어도 수술을 하지 않을 것입니다. 예수를 믿는 분이시니 기도하시면서 이겨보세요."

수술 후 회복도 되기 전에 생을 마감할 것을 염려하였던 것이다. 남아있는 시간동안 기도하면서 운동하고 관리하면 3개월 이상 양질의 삶을 살 것이니 환자를 위해서 최상의 선택을 한 것이라고 보호자를 불러 말했다고 하였다.

1년 6개월의 시간을 기도하고, 말씀 보며, 산에 올라 맑은 공기를 마시고 알차게 보냈다고 했다. 얼굴에 윤기가 흐르고 건강이 좋아지자 교회에서 간증을 해 달라는 요청이 있어서 서울에 있는 교회에 간증집회를 하러 갈 때는 벼리가 아버지를 모시고 갔다고 했다.

다 나은 줄 알았다. 그런데 갑자기 통증이 심해서 응급실에 왔고, 진통제를 투여해도 통증이 멈추지 않는 것 같았다. 벼리가 아버지를 위해 유일하게 할 수 있는 일은 아버지 손을 잡고 주물러 주는 일 밖에 없었다. 통증이 감소되는지 알 수 없었지만 그녀 생각에 손을 잡고 손가락 사이를 눌러주면 최소한의 안정감이라도 느낄 것이라고 생각하였다. 성인이 된 후에는 아버지와 손을 한 번도 잡아보지 못한 것이 생각났다. 그래서 최대한 아버지 손을 잡아주고 싶었다. 그녀는 자신의 경험으로 이미 알고 있었다. 몸이 아파서 힘들 때 손을 잡아 주면 심리적으로나 육체적으로 얼마나 큰 힘이 되는지. 그래서 아버지의 손을 잡고 계속 주무르고 있었다.

밤이 깊어지고 새벽이 3시쯤 되자 갑자기 통증이 더 심해지는 것을 느낄 수 있었다. "의사 좀 불러줘. 너무 아프다." 응급실의 의사들은 여기저기 환자를 돌보느라 분주했다. 의사를 부르기도 전에 너무 통증이 심했는지 갑자기 아버지가 의식을 잃었다. 깜짝 놀라서 엄마와 벼리는 아버지를 흔들며 "여기요, 아버지가 이상해요. 빨리요. 빨리 도와주세요." 벼리는 큰 소리로 의료진을 향해 소리쳤다. 아버지가 바로 의식을 잃고 천국을 향해 가시는 것 같았다. 아버지를 외치며 울부짖었다. 놀란 엄마도 아버지를 부르며 울부짖었다. 잠시 후 아버지의 의식이 돌아왔다. 벼리는 아버지가 오늘을 넘기지 못할 것이라는 것을 직감적으로 알았다. 그래서 아버지에게 자꾸 질문을 되풀이 했다. 하고 싶은 말이 있는지 물었다. 그녀가 묻는 하고 싶은 이야기를 재촉하는 것은 마지막 유언을 해 달라는 이야기였다. 반복된 질문에도 하고 싶은 말이 없다는 대답만 들었다.

의식이 돌아온 아버지와 대화를 하다가 잠시 후 공중전화 부스로 달려갔다. 새벽 세시가 넘은 시간에 대전에 살고 있는 혜별이 언니에게 전화를 했다. 아버지 장례식을 준비하기 위해서는 아버지가 사시는 집과 가장 가까이 살고 있는 혜별이 언니에게 제일 먼저 알려야 한다고 생각했다.

"나야, 벼리, 잠자는데 깨워서 미안해. 아버지가 오늘을 못 넘기실 것 같아. 날이 밝으면 준비해야 할 것 같아."

"그래? 그렇게 위독하셔? 아이고, 우리 아버지 어떻게 해?"

"내 느낌이 그래. 더 사시면 좋겠지만 오늘 못 넘기셔."

장녀인 인별이, 셋째 딸인 광별이, 막내딸인 영별에게도 똑같이 전화를 했다.

　마지막으로 잠시 후 새벽예배를 드리기 위해 기상해야 할 세별 목사님에게도 똑같이 아버지가 오늘을 넘기지 못할 것이라고 알렸다.

　"아버지가 오늘을 못 넘기실 것 같아. 오늘 주일인데 산성교회 주일예배를 마친 다음에 아버지가 천국가시면 좋을 것 같은데 … "

　"정말요? 아버지가 그렇게 위독하셔요? 알았어요. 누나, 무슨 일 있으면 연락 주세요."

　"이 새벽에는 별일 없어야지. 아들 목사님 주일예배 인도해야 하는데 마칠 때까지 아버지가 기다려 주실 것 같아."

　병실로 돌아와 그녀는 엄마에게 말했다. 아버지가 오늘을 못 넘기실 것 같아서 마음의 준비하라고 모든 형제자매에게 전화로 알렸다고 하자

　"다들 잠들어있었을 텐데 깨웠구나."

　"지금 아버지가 위독하신데 마음의 준비를 하게 연락해야지. 잠은 나중에도 잘 수 있잖아."

　"그래. 네가 고생이 많구나."

　충격이 가장 컸을 엄마는 근심어린 얼굴로 이야기를 듣고, 아버지 곁으로 가서 아버지를 주물러주었다. 벼리도 아버지 손을 주무르며 아버지에게 전하고 싶었던 말을 하지 못했다. 아버지 귓가에 대고 꼭 하고 싶은 말이 있었다. 이 말을 하지 않으면 후회할 것이라는 것도 알았다. 이 시간이 아버지와 갖는 마지막 날의 시간이라는 것을 알았기 때문에.

"(아버지, 사랑해요.)"
"(아버지, 그동안 수고 많으셨어요.)"
"(아버지, 사랑하고 존경합니다.)"
"(아버지, 나중에 천국에서 만나요.)"
　간절한 만큼 힘껏 손을 주무르며 입 밖으로는 소리를 내지 못하고 속으로만 외쳤다. 아버지가 천국으로 가실 것을 직감하면서도 무엇이 부끄러워서 하고 싶은 말을 전하지 못했는지 안타까웠다. 아버지가 천국으로 떠난 다음에야 말하지 못한 자신을 탓하며 후회했다.

　벼리는 눈을 감고 있는 아버지에게 또 다시 말을 걸었다. 차마 유언이라고는 하지 못하고 하고 싶은 말이 있으면 하시라고. 평소에 남기고 싶은 말을 했으니 아버지는 하고 싶은 말이 없다고 하였으리라.

　벼리는 속으로 외쳤다.
　(아버지 제발요, 아버지 오늘 하늘나라 가실 걸 알겠는데 떠나기 전에 유언으로 남기고 싶은 얘기가 있으면 해 주세요.)
　손에 힘을 주어 아버지에게 마음이 전달되도록 손을 주물렀다. 아버지가 그녀의 마음을 알아주길 바라며.

　손을 주무르면서 다시 마음에 갈등이 일었다. 바로 지금인데 꼭 아버지에게 말해야 하는데.
　" … (아버지, 많이, 아주 많이 사랑해요.)" 차마 소리를 내어 말하지 못하고 그녀는 눈빛으로만 아버지를 향해 말하고 있다.
"… (알아, 네 마음이 보여.)"
아버지가 눈빛으로 말하는 것 같았다.

그렇게 애를 태우며 날이 밝았다. 인별이 언니와 광별이 언니, 영별이, 큰엄마, 간호사로 근무한 경력이 있는 사촌 수별언니가 병원으로 달려왔다. 병원에서는 보호자 대표를 불러 아버지가 오늘을 넘기기 힘들 것이라고 하였다. 가족들은 아버지 천국 가시는 길을 준비하기 위해 각자의 포지션으로 돌아갔다. 벼리는 어린 두 딸의 짐을 싸서 시댁으로 갔다. 아버지의 장례를 치룰 동안 아이들을 시댁에 맡기기로 했다. 시댁에 아이들을 맡기고 승용차를 이용해 논산 부모님 집을 향해 남편은 급히 엑셀을 밟았다.

아버지는 129 사설구급차를 이용해 아버지가 살고 있는 집으로 향했다. 간호사 출신인 수별이 언니와 엄마, 장녀 인별이 언니, 큰엄마 넷이서 사설구급차를 타고 아버지 곁을 지켰다. 2시간 30분을 넘는 거리를 가는 동안 큰엄마의 인도로 예배하고, 아버지에게 마음의 평안을 위해 기도하며, 천국의 소망과 영접을 위해 찬송하며 집에 도착하였다. 벼리가 망향휴게소에 들러 집으로 전화를 했을 때 집에서 전화를 받은 혜별이 언니가 아버지의 소식을 전해주었다. 조금 전에 아버지가 집에 도착하셨다고. 모든 가족들이 아버지 천국가시는 길을 위해 기도와 찬송을 쉬지 않고 있다고 했다. 혜별이 언니는 아버지가 집에 도착하자 눈을 뜨고 집안을 한 바퀴 돌아보셨다고 전했다. 벼리가 안도의 숨을 쉬는 순간 갑자기 전화기 너머로 여기저기서 울부짖는 소리가 들렸다. 통화를 하던 혜별이 언니도 통화를 하다 말고 "아버지~"를 외치며 오열하였다.

"왜? 무슨 일이야. 뭐야."

"벼리야, 아버지가 지금 돌아가셨어."

소리치며 울부짖다가 혜별이 언니가 떨리는 목소리로 통화하고 있던 바로 지금 아버지가 천국으로 떠나가셨다고 전했다.

"뭐라고? 나는 아직 망향휴게소인데 돌아가셨다고? 집에 도착하려면 한참 걸리는데 그 사이를 못 참고 왜 돌아가셔."

벼리도 엉엉 소리 내어 울면서 벼리가 도착할 때까지 기다려 주지 않은 아버지가 섭섭하고, 이제는 살아계신 아버지를 다시 볼 수 없다는 사실이 가슴이 미어지도록 슬펐다. 망향휴게소부터 친정집에 도착하는 동안 벼리 눈에서 끊임없이 흘러나오는 눈물의 출처를 알 수 없었다. 얼굴의 어느 부분에 숨어 있다가 쏟아져 나오는지 마치 댐이 터진 것처럼, 눈에서 흘러나온 눈물은 턱을 지나 무릎위에 떨어져 바지를 흠뻑 적시고 차의 의자까지 적셨다. 아무리 멈추려 해도 눈물은 멈추지 않았다. 아버지가 누워계신 집에 도착할 때까지.

대문 앞에 도착하자마자 안방으로 달려 들어가서 아버지를 불렀다. 아버지는 온화하고 평안한, 미소를 머금은 얼굴로 주무시는 것 같았다. 아버지 손은 아직 온기가 남아 있는 듯 했다. 아버지 손을 잡고 얼굴을 비비며 울었다. 아버지에게 소리 내어 말하지 못하고 속으로만 전한 말들이 다시 떠오르기 시작하였다. 사랑한다는 말 한마디 전하지 못한 자신의 못난 행동에 더욱 눈물이 쏟아져 내렸다. 아버지의 양손으로 그녀의 얼굴을 감싸고 비볐다. 그리고 아버지의 볼에 자신의 볼을 비비며 울었다. 아버지는 여전히 살아서 그녀 앞에 잠들어 계신 것 같았다. 그러니 아버지의 손으로 그녀의 얼굴을 감싸고 비벼도 아무런 거부감도 없이 살아 계신 듯 부드러웠다. 아버지는 아마도 그녀의 마음을 알고 계셨을 것이라고 생각했다. 지금 아버지의 영혼이 그녀를 보고 있는 것 같았다. 그리고 하지 못한 말 까지도 아버지에게 전달이 되었다는 확신이 들었다. 그제야 비로소 마음이 편안해 지기 시작했다. 그녀는 아버지가 응급실에 입원하고 소천한 이틀 동안 평생 동안 아버지와 스킨십을 한 것 보다 더 많은 스킨십을 하였다. 그녀는 아버지를 천국으로 모셔드린 후 가족에게 사랑한다는 말에 인색하지 않기로 스스로에게 약속했다.

하늘 아버지는 벼리에게 아버지의 임종 순간을 직접 지켜보지 못할 형편을 미리 알고 계셨던 것이다. 그런 그녀를 위해 아버지가 임종하시기 직전에 집으로 전화를 하도록 마음을 움직이셨고, 전화 통화를 통해서 임종하는 순간에 동참하게 해 주셨던 것이다. 그녀는 한 치의 오차도 없이 치밀하고 섬세하신, 천지만물을 지으시고 통치하시는 그분 하나님 아버지를 찬양한다고 했다.

벼리의 부모님에 대해 물었다.
청춘인 스물두 살 엄마와 스물일곱 살 아버지는 같은 읍에 거주하는 혼기가 찬 남녀였다. 지리적으로 아버지가 살던 마을은 동쪽 끝에 있고, 엄마가 살고 있던 마을은 서쪽 끝에 있었다. 엄마와 아버지가 결혼을 하게 된 동기는 친할아버지와 외할아버지의 중간역할로 결혼하게 되었다고 했다.

부모님의 아버지가 읍내 시장에 갔다가 이런저런 이야기를 나누다가 자녀 이야기를 했다고 했다. 우연히 자녀 이야기를 나누다가 서로에게 혼기가 찬 아들과 딸이 있다는 걸 확인하고 부부로 맺어주자고 약속해서 맞선도 보지 않고 결혼을 했다는 것이다.

아버지는 1926년 12월 7일(음력) 충남에서 태어났다고 했다. 법 없이도 살아간다는 마음씨 좋고 인품이 좋은 할아버지와, 깔끔하고 카리스마 넘치는 멋쟁이인 할머니 사이에서 6남매 중 둘째아들로 태어났다고 했다. 벼리 아버지의 삶에 대한 방식은 언제나 열정적이고 긍정적인 마인드로 어떤 시련이 있어도 오뚝이처럼 바로 털고 일어나는, 절대 쓰러지지 않는 분이었다. 시골에서 농부의 아들로 태어났지만 자신의 노력으로 지금의 고등학교 교육을 받았고, 매사가 학구적이었다. 아버지는 매일 새벽의 커튼을 열어 미명까지도 깨우는, 남들보다 2~3시간 정도 빨리 기상하여 일상이 시작되는 새벽형 인간이었다. 새벽 4시에 일어나 십리길이나 되는 거리를 걸어서 새벽예배를 드리고 왔다. 하루를 시작하는 첫 시간에 새벽예배를 드리고 집에 도착해서 제일 먼저 하는 일이 있었다. 부모님은 잠자고 있는 자녀들을 위해 한사람씩 머리에 손을 얹고 기도해 주셨다. 기도를 마친 아버지는 그녀가 눈을 비비고 일어나면 언제나 책상에 앉아 성경책이나, 농업과 관련된 책을 읽고 계셨다.

1970년대 아버지는 새마을 지도자로 농촌계몽운동을 하셨다. 마을 사람들은 온갖 귀신을 숭상했다. 심지어 마을에는 거주하는 무당이 여럿 있었다. 마을은 노름과 게으름이 만연하여 아버지는 마을을 흔들어 깨웠다. 패기 넘치는 젊은 날에 야산 삼천 평을 구입해 과수원으로 개간하여 과수농사를 경작했다. 과수원은 일곱 자녀를 교육시킨 효자 과수원으로 없어서는 안 될 과수원이었다. 농한기인 겨울에는 특용작물을 재배하여 소득을 창출했다. 아무도 재배하지 않던 겨울철에 비닐하우스를 만들어 딸기를 재배하였다.

비닐하우스를 바라보면 트라우마가 생각난다고 하였다. 추운 겨울에 일꾼을 사고 가족들이 힘을 모아 딸기하우스를 여러 동 만들어 놓았다. 2월 방학 중인 어느 날 몹시 거센 바람이 불어왔다. 부모님과 함께 광별이 언니와 벼리는 딸기가 심겨진 비닐하우스를 둘러보러 갔다. 그런데 단단하게 묶어 놓았던 하우스 한 동이 어느 공간으로 바람이 들어갔는지 비닐이 펄럭이기 시작하며 조금씩 비닐이 벗겨지기 시작하였다. 귀신소리를 내며 울던 비닐은 무당이 작두를 타고 춤을 추듯 하늘을 향해 펄럭이다가 비닐을 모두 벗겨 알몸인 뼈대만 남겨 놓았다. 비닐하우스 한 동에 들어가는 돈이 만만치 않았다. 광별이 언니와 벼리는 귀신소리를 내며 벗겨지는 비닐하우스를 보고 온 몸으로 잡아보려 했지만 속수무책이었다.

"앗, 안돼요."

"벗겨지면 안돼요."

"저 바람을 재워주세요."
"오, 주여~ 광풍을 잠잠케 해 주세요."
"보세요. 딸기들이 얼어 죽어가고 있어요."
"어찌합니까. 제발 살려주세요."
"이러시면 안돼요. 우리 엄마, 아버지는 어쩌라고요."
펄럭이며 춤추는 무당의 몸짓 같은 비닐을 바라보며 벼리는 주문처럼 외우고 있다.

온몸으로 부둥켜 잡다가 이내 몸에서 벗어난다. 안절부절 어찌할 바 모르다 허탈해진 부모님의 얼굴을 바라보다가 광별이 언니와 벼리의 눈에서 울컥 눈물이 쏟아졌다. 부모님이 눈치 챌 새라 몰래 숨죽여 눈물을 훔쳤다. 서로의 붉어진 눈시울을 보고 소리 없이 눈물을 훔쳤다는 것을 광별이와 벼리는 알았다. 그때의 미친 듯이 춤추던 비닐하우스의 껍질들이 눈 카메라 속에 담겨져 이따금 재생되고 있다. 아직도 움직이는 활동사진처럼 생생하게. 그녀는 지금도 습관처럼 비닐하우스 곁을 지나가면 자신도 모르게 두 손을 모으고 기도한다.
"누구의 것인지 모르겠으나 저 비닐하우스를 안전하게 지켜 주세요. 골조를 벗어나는 못된 비닐이 없도록, 농민의 눈에서 한 방울의 눈물도 흘리는 일 없게 안전하게 지켜주세요."
바람이 비닐하우스를 향해 심술을 부릴까봐 주인의 안면도 모르는 비닐하우스의 안녕을 위해 기도하는 버릇이 있다.

70년대 초 거액을 들여 비닐하우스를 만들고 특용작물을 한다는 것은 벼리네 말고는 아무도 범접할 수 없는 일이었다. 또한 농한기인 겨울철에는 서울 세종문화회관에서 열리는 전국농업기술자대회에 매번 참석하여 선진 농법을 농민들에게 전수하였다. 농촌지도자로 주변 농민들에게 과학영농을 교육하여 농가소득을 증대시키도록 하였다. 아무런 대가없이 함께 잘 살아 보자고 농촌발전과 농업발전에 만전을 기하였다. 누가 시켜서 하는 것이 아닌 자발적으로 사비를 들여 교육 받고, 농민들에게 전수하는 기쁨을 누렸던 것이다.

아침 일찍 용식이 엄마가 뒤뚱거리며 집에 찾아왔다. 솔밭너머에 살고 있는 키가 작고 뚱뚱한 용식이 엄마에게는 일본에 징용으로 끌려간 오빠가 있다. 오빠는 일본에 정착하여 살고 있다. 용식이 엄마가 오빠와 소통하는 유일한 방법은 편지로 소통하는 것이었다. 일본으로 떠난 지 오래된 오빠는 일본에서 사는 동안 거짓말처럼 한글을 잊었다. 그래서 오빠는 유일한 소통방법인 편지에 일본어로 자신의 안부와 가족들의 소식을 전했다. 용식이 엄마는 수시로 벼리 아버지를 찾아왔다. 용식이 엄마가 벼리 집에 오는 날은 일본에 살고 있는 오빠에게서 편지가 온 날이다. 개봉도 하지 않은 봉투를 품에 안고 왔다. 일본어로 써 있는 편지를 들고 와서 아버지께 읽어달라고 했다. 처음에는 일본어 그대로 읽어주고, 두 번째는 한국어로 편지를 번역해서 읽어주었다. 조용히 듣고 있는 용식이 엄마는 옷소매로 가끔 눈물을 찍어내기도 했다. 편지를 다 읽고 난 다음 아버지는 용식이 엄마에게 답장을 쓰기위해 하고 싶은 말이 있으면 다 이야기 해보라고 했다. 용식이엄마의 이야기를 듣고 아버지는 일본어로 답장을 써 주었다. 그리고 한글로 번역한 다음 다시 용식이 엄마에게 읽어주면 용식이 엄마가 늘 하는 인사다.

"고마워 유. 인별이 아버지 덕분에 오라버니한테 편지를 받아보고, 고맙게 답장까지 써주시고, 우리가족 소식도 전할 수 있어서 고마워 유. 매번 고맙고 감사해유." 용식이 엄마는 고마운 마음에 언제나 공손히 두 손을 모아 인사하고 편지를 품에 안고 돌아갔다.

벼리아버지는 평소에 벼리에게 많은 이야기 해주었다고 했다. 그녀를 단련시키며 그녀의 인생을 좌우했던 아버지의 어록이 많이 있다. 몇 개만 예를 들어보겠다고 하였다.

"말을 많이 하면 실수가 따르니 꼭 해야 할 말만 해야 한다."

"품위 있는 언어를 사용하라. 말은 그 사람의 인격을 나타낸다."

"꿈이 없는 사람은 죽은 사람이다. 꿈을 향해 달려가야 목표점에 도달할 수 있다."

"꿈을 꾸되 크게 꾸어야 한다. 그래야 모든 꿈이 이루어지지 않더라도 작은 꿈이라도 이룰 수 있다."

"옷은 그 사람의 인품을 나타내는 것이므로 단정하게 입어야 한다. 새 옷을 입으라는 것이 아니라 깨끗하고 단정히 상황에 맞게 입으라는 것이다."

"정직해야 한다. 정직하지 못한 사람은 자신을 속이는 비열한 사람이다."

"하나님은 언제나 너와 함께 계신다. 어렵고 힘든 일이 있을 때마다 고민하지 말고 하나님께 아뢰고, 하나님께 귀 기울여라. 말씀으로 네게 응답해 주신단다."

"표정은 항상 밝게, 허리를 곧게 세우고, 자세는 바르게."

"말을 할 때는 큰 소리로 또박또박 하게, 상대방이 잘 알아듣게 해야 한다."

"어른을 만나면 백번을 만나도 백번을 인사해야 한다."

"친구를 보면 그 사람을 알 수 있다. 친구를 잘 가려서 사귀어야 한다."

"너무 욕심 부리지 말고 네게 있는 것에 자족하고, 감사하며 살아라."

"남과 비교하지 말라. 비교하는 순간 불행해 진다."

"특히, 벼리는 네가 있는 곳을 천국으로 만들며 살아라."

"공부는 끝이 없다. 죽는 날까지 공부해야 한다. 지식이 곧 재산이다."

"욕심이 잉태한즉 죄를 낳고 죄가 장성한즉 사망을 낳느니라. 이 말씀을 잊지 마라."

"항상 기뻐하라, 쉬지 말고 기도하라, 범사에 감사하는 삶이 행복해 질 수 있는 방법이다."

"기도는 영적인 호흡이다. 기도하지 않으면 영적 호흡이 끊긴 것이고 영이 죽은 것이다. 기도하지 않으면 살수 없다."

"찬양은 곡조 있는 기도라는 걸 잊지 말아야 해. 찬양 속에 거하시는 하나님 이란 걸 명심해라."

"항상 준비된 사람이 되어라. 준비된 사람만이 찬스가 왔을 때 잡을 수 있다. 하나님이 사용하시려 할 때 주님 제가 여기 있습니다. 하고 나설 수 있는 준비된 사람이 되어라."

"시간은 돈으로 살수 없다. 시간을 아껴서 유용하게 사용하여라."

벼리는 아버지로부터 들은 말씀들이 지금까지도 그녀에게 생활의 지표가 되어 생생하게 귓가에 맴돈다고 했다. 1994년 11월 27일 아버지가 천국으로 가시고 나니 자신을 지탱해 주고 지지해 주던 기둥이 사라지고, 하늘이 무너진 것 같은 상실감에 힘겨운 날들을 보냈다. 천국에 가셨을 아버지가 너무 보고 싶었다. 아버지에게 꼭 물어보고 싶은 것이 있어서 하나님께 매일 기도했다. 벼리가 궁금해 하는 이 질문은 천국에 가신 아버지만이 대답해 줄 수 있다고 생각하여 매일 하나님께 떼를 쓰기 시작했다.

"하나님, 얼마 전에 하나님이 천국으로 데리고 가신 우리 아버지 아시죠?"

"그래. 알지."

"제가 아버지께 꼭 한번 물어보고 싶은 것이 있습니다."

"아버지에게 묻고 싶은 게 있다고?"

"아버지가 보고 싶기도 하고요...."

"보고 싶고 그리고 또 뭐가 있어?"

"제발, 꼭 한번만, 이유는 묻지 마세요. 더 이상 보채지 않겠습니다. 딱 한번이면 됩니다. 꿈속에서 아버지를 꼭 한번만 만나게 해 주세요."

1. 화두 _ 29

"무슨 일인지 내가 물어도 될까?
"아닙니다. 제가 아버지에게 직접 묻고 싶어요."
"무엇이 그리도 궁금한지 나도 심히 궁금하구나."
"하나님께는 부끄러워서 비밀이에요."
"내가 네 마음속 까지 꿰뚫는 것을 잊었구나."
"다 아시는 걸 알긴 하지만 …
그래서 하나님께 부끄럽지만….
도마처럼 의심이 많다고 꾸짖으실 줄 알지만 …
하나님께 제 입으로 말할 수 없어서 …
아버지를 만나서 꼭 물어보고 싶어요."
"내게 부끄러운 일이구나."
"네. 그렇긴 한데요 어찌되었든 제발 한번만, 딱 한번이면 됩니다."

벼리는 하나님이 도마처럼 의심이 많은 사람이라고 꾸짖을까봐 아버지에게 묻고 싶은 것이 무엇인지 하나님 앞에서 입을 꾹 다물고 함구하였다. 간절하면 통한다고 했다. 그녀의 진심이 하나님 마음을 움직이게 하였나보다. 어느 날 일찍 잠자리에 들었다. 그런데 새벽녘 그토록 간절히 원하던 아버지를 꿈속에서 만났다. 아버지는 활짝 웃고 계셨다. 그녀는 꿈속에서도 그것이 꿈이라는 걸 알았다. 그래서 마음이 조급해졌다. 벼리가 이 꿈에서 깨기 전에 아버지에게 꼭 물어야 한다는 간절함과 긴박감이 있었다. 그녀는 여유 있게 웃고 있는 아버지에게 다짜고짜 물었다.

"아버지," 인사할 겨를도 없이 아버지를 급히 불렀다.

"그래. 벼리야"

그녀는 반가운 마음을 나눌 겨를도 없이 바로 질문으로 들어갔다.

"아버지, 정말 천국이 있어요?" 라고 질문하면서도 아버지에게 대답을 듣기 전에 꿈에서 깨어나면 안 된다는 신념으로 빠른 대답을 원했다. 그러자 아버지는 활짝 웃는 얼굴로 그녀에게 선명하게 들려주었다.

"벼리야, 아버지가 매번 얘기 했지? 먼저 벼리 네가 있는 곳을 천국으로 만들어라. 너무 욕심 부리지 말고, 자족하며 살아라."

평소 살아계실 때 유언처럼 하시던 말씀을 꿈속에 나타나서도 하고 계셨다고 했다. 그녀는 부끄럽지만 천국이 있는지 천국에 계신 아버지를 통해 확인하는 것이 가장 선명하고 확실한 대답이라고 믿었다. 그래서 아버지를 통해 확실한 답을 듣고 싶어서 하나님께 한번만 만나게 해 달라고 졸랐다.

꿈속에서 아버지를 만나 궁금증에 대한 질문을 했었다는 이야기를 형제자매들에게 털어 놓았다. 그때 상상도 못한 이야기를 들었다. 그녀와 같은 궁금증으로 기도를 했고, 꿈속에서 아버지를 만났던 사람이 그녀 말고도 또 있었다는 고백에 놀랐다.

"나도 아버지를 만났어."

광별이 언니가 웃으며 말했다.

"어떻게?"

"나도 아버지가 보고 싶어서 하나님께 기도했지. 아버지를 한번 만날 수 있게 해 달라고."

"그래서 아버지를 만나서 뭐라고 했는데?"

"아버지가 활짝 웃고 계시더라. 아버지, 천국이 있어요?"라고 광별이 언니가 물었다고 했다.

"그럼, 있고말고." 라고 말씀하시며 활짝 웃는 아버지를 보았다고 했다.

"참 신기하네. 언니들은 어떻게 아버지를 만나게 해 달라고 기도를 했을까? 나는 그런 생각은 해보지도 못했는데 부럽다. 나도 아버지가 보고 싶어."라고 영별이가 부러워했다.

예쁘고 소녀 같은 감성을 지녀서 예쁜이라는 별명을 가지고 자랐다는 어머니는 1931년 5월 26(음)일생으로 벼리와 같은 날 생일이라고 했다. 22살의 꽃봉오리 같은 나이에 그녀의 아버지와 결혼을 하였다고 했다. 연약한 몸으로 아버지와 함께 농촌계몽운동을 하였고, 과수원일과 특용작물을 재배하는 아버지의 일을 도와 몸이 많이 힘들었던 어머니였다고 했다. 그녀의 어머니는 밤이 되면 끙끙 앓다가도 다음 날 아침이면 신기하게도 털고 일어났다. 그녀는 그런 엄마를 보며 생각의 오류를 범했다. '세상의 모든 엄마들은 아무리 아파도 하룻밤만 자고나면 모든 병이 깨끗이 낫는 것'으로 알았다. 7남매를 낳고, 양육하면서 누구 하나 편애하는 사람 없이 똑같이 사랑하였던 어머니였다. 자녀들이 결혼하여 친정에 가면 농사지은 농작물을 뒷박으로 똑같은 나누어서 누구도 섭섭하지 않게 똑같이 나누어 주었다. 그녀의 어머니는 인품이 있어서 훈계할 일이 있으면 단 둘이 있을 때나, 조용히 다른 방으로 불러서 다른 형제자매가 듣지 않는 곳에서 부드럽게 훈계하였다. 그래서 일상적으로 부르는 이름이 아닌 조용하고 나지막한 소리로 이름을 부르면 벼리는 항상 긴장을 하였다. 무언가 훈계들을 일을 했다는 신호이기 때문에.

새마을운동 당시 부녀회장으로 선출되어 여러 해 동안 주부들을 대상으로 식생활개선 및 주방개선 운동을 하였다. 긴 머리를 틀어 올려 쪽을 짓던 머리는 현대식으로 짧게 자르고 펌을 하여, 활동적이고 발랄한 도회적인 분위기로 아낙들을 변신시켰다. 주방이 바뀌니 주방기구도 현대적인 기구로 바꾸어 도시 문물을 받아들이도록 혁신적이고 선도적인 계몽운동을 하였다.

그녀의 어머니는 2014년 2월 20일에 하늘나라로 떠나가셨다. 천국에 가실 것을 미리 예감했는지 모든 자녀들에게 전화를 하여 안부를 묻고, 잘 살라고 하였다. 그날은 속초에 폭설이 내리던 날, 하얗게 쌓인 울산바위 아래 도로 위를 비틀거리는 버스 안에서 긴장하고 있을 때 그녀에게도 엄마로부터 전화가 왔었다. 모든 교직원이 2014년 2월 초순 2박3일의 일정으로 연수 장소인 속초로 가고 있는 중이었다. 그날은 이례 없는 폭설이 내리고 있어서 대형버스가 눈길 위에서 비틀거리고 있었다. 버스 앞에 선발대로 나선 교장선생님의 승용차 바퀴가 제자리에서 헛바퀴를 돌기 시작했다. 멀리 보이는 울산바위가 새하얀 이를 드러내고 폭설에 갇힌 우리를 흥미롭게 내려다보고 있었다. 버스 안은 긴장감이 감돌아 통화하기에 불편한 상황이었다.

"엄마, 나 지금 속초로 연수 가고 있는 중인데 내가 다시 전화할게."

"김서방이랑 아이들도 건강하게 잘 지내고 있지?"

"응. 바로 전화할게."

전화를 끊고 연수 장소에 도착을 했지만 숙소를 배정받고, 짐을 풀고, 연수받으러 강당으로 이동하다보니 엄마에게 전화를 하지 못했다. 엄마는 언제나 그녀가 마음만 먹으면 바로 전화할 수 있는 사람이라고 생각했다. 항상 그녀 곁에서 건강하게 오래 오래 살 것이라고 생각했다. 그냥 항상 하던 일상적인 안부전화라고만 생각했다. 그리고 엄마는 언제나 그 자리를 지키고 있어서 마음만 먹으면 찾아갈 수 있다고 믿었다. 그녀가 살아있는 날까지 그녀 곁에 항상 있어줄 거라는 착각 때문이었다. 연수를 다녀오고 며칠 뒤 대전에 살고 있는 언니로 부터 전화가 왔다. 금요일 날 요양보호사가 아픈 엄마를 가족에게 알리지 않고 그냥 퇴근을 했다고 했다. 주일날 아무 연락도 없이 엄마가 예배에 빠지니 목사님이 집에 찾아오셨다가 기진맥진해 있는 엄마를 발견하여 혜별 언니에게 연락을 했다고 했다. 그래서 집으로 모셔 와서 병원에 가려고 목욕을 시켰는데 체중이 40kg도 안 되는 엄마를 옮길 수 없다고 했다. 당황하면 생각이 나지 않는 법이다. 어서 119를 불러서 병원에 가라고 했다.

대학병원으로 입원한 그녀의 어머니는 병실에도 올라가지 못하고 집중치료실에 눕혀져 계속 관찰을 했다. 입에 산소마스크를 달고 바퀴 달린 침대 위에 눕혀져 의사와 간호사들이 오가며 계속 관찰만 했다. 일반병실로 올라가기만을 기다렸는데 매일 관찰만 하고 있다. 병명은 급성 폐렴이라고 했다. 그녀는 어머니가 위독하다는 말에 조퇴를 하고 병원으로 갔다. 하늘을 향해 두 손을 뻗고 있는 엄마의 두 팔은 아버지를 향한 것인지, 천사들을 향한 것인지 알 수 없었다. 허공으로 들어 올린 두 팔이 아플 것이라는 생각에 그녀가 한 행동은 두 팔을 계속 내려주는 일이었다. 엄마가 천국으로 가신 다음 그녀는 깨달았다. 말을 할 수 없으니 예수님을 보고 반가워서 손을 잡아 달라고 두 팔을 들었을 것인데, 허공으로 뻗은 팔을 내려 줄 것이 아니었다. 두 손으로 엄마 손을 꼭 감싸주었다면 얼마나 힘이 되었을까 하는 생각을 하니 자신의 행동이 바보 같은 행동이었다는 결론에 이르고 후회스러웠다. 아는 만큼 보인다고 했다. 엄마의 마음은 알지도 못하면서 보이는 그녀 생각대로 팔이 아플 거라는 단순한 생각에 올라오는 팔과 다리를 연신 내려 주며 의식도 없는 엄마에게 팔과 다리를 내리라고 하였다. 아마도 그 순간 어머니 눈에는 예수님이 눈앞에 보였을 것이다. 그리고 천군천사들과, 20년 전에 먼저 천국에 가신 아버지를 보고 반갑게 손을 들었고, 다리를 들어 달려가고 싶었을 것이다. 의식도 없는 엄마 곁에서 그녀가 해 줄 수 있는 것은 팔과 다리를 내려주는 일 밖에 한 일이 없었다. 그 시간에 차라리 엄마의 손을 꼭 잡고 귀에 대고 왜 기도를 해 주지 못했는지 후회가 되었다. 물론 그녀의 언니들은 엄마의 귀에 대고 찬양을 불러주었고, 평안한 마음과 회복을 위해 기도를 해 주었다. 그녀는 결정적인 순간에 결정적인 실수를 한 것이었다.

그녀의 어머니가 의식을 잃고 돌아오지 않는 동안 하나님께 서원하여 낳은 어머니의 장남은 그 시기에 지방목회자들과 성지순례

중이었다. 하나님이 세우신 목회자라고 아들 이름도 부르지 않고 꼭 목사님이라는 칭호로 부르던 어머니였다. 어머니가 그토록 기다리고 보고 싶었을 장남은 한국에 있지 않아 의식이 없는 어머니 곁을 지킬 수 없었다. 성지순례중인 동생에게 전화를 하여 어머니의 상태를 알렸다. 마침 성지순례를 마치고 돌아오기 위해 공항에서 비행기를 기다리는 중이었다. 그녀의 언니들은 어머니의 귀에 대고 장남 세별 목사님의 소식을 전했다.

"엄마, 지금 큰아들 목사님이 엄마 보려고 한국으로 급히 오고 있대."

" ...... "

"엄마, 조금만 기다려. 곧 도착할 거야."

그녀의 어머니는 큰아들이 성지순례 길에서 무사히 돌아오는 시간동안 기다려 주었다.

공항에 도착하자마자 장남 세별 목사님은 급히 택시를 타고 병원으로 달려왔다. 성지순례에서 돌아온 장남이 어머니의 손을 꼭 잡았다. 그러자 잠시 의식이 돌아와 눈을 뜨고 아들을 바라보고 눈물을 흘렸다고 그녀의 언니들이 가족 단체 카톡에 엄마의 사진과 함께 소식을 전했다. 엄마의 눈물 속에

"그래, 내가 목사님 오기를 애타게 기다렸지."라는 묵언이 들리는 듯했다. 그녀의 어머니는 목회자인 장남이 무사히 돌아오기만을, 긴장감을 놓지 않고 기다리셨던 것이다. 의사 선생님은 그녀의 가족들에게 어머니의 임종을 준비하라고 하였다. 장례는 장남이 사역하고 거주하고 있는 곳에서 치러야 불편함이 없었다. 장남 세별

목사님은 보령아산병원으로 먼저 떠났다. 퇴원수속을 하는 동안 혜별 언니가 자신이 섬기고 있는 교회 목사님께 엄마를 위해 기도를 부탁했다. 목사님이 그녀의 어머니를 위해 기도를 해 주시고 가셨다. 그리고 혜별 언니에게 목사님으로부터 문자가 왔다고 했다. 목사님이 급히 병원에 도착하자 엘리베이터 문이 환하게 활짝 열려 있었고, 엄마가 누워계신 층까지 거침없이 바로 올라올 수 있었다고 하시며 하나님이 엄마를 많이 사랑하셔서 어머니의 천국 가시는 길을 편하게 예비하고 계신 것이라고 하였다고 했다. 그녀의 어머니는 장남의 사역지인 충남 보령아산병원으로 구급차를 타고 이동하기로 했다. 구급차는 보령 아산병원으로 급하게 달렸다. 최후의 순간까지 함께하기 위해 산소 호흡기를 끼고 숨 가쁘게 아산병원을 향해 달렸다. 병원에 도착하여 임종예배를 마치자 천군천사의 호위를 받으며 그녀의 어머니는 본향인 천국으로 떠나셨다. 아버지는 살아 계시는 동안 늘 모두가 알아듣게 할머니에게 말씀하셨다. 천국가실 때 편히 갈수 있게 해 달라고 하나님께 기도하시라고. 덧붙여 엄마, 아버지도 매일 기도하고 있다고 했다. 나중에 천국에 갈 때 고통스럽지 않게 편안하게 하늘나라 갈 수 있게 해 달라고.

그녀의 엄마는 병원에 입원하고 3일 만에 천국으로 떠나셨다. 아쉽지만 당신이 기도하던 대로 오래 병상에 누워서 앓지 않고 짧은 기간 동안 가족들이 이별의 준비를 할 수 있는 기간을 달라고 기도하셨다. 어머니의 기도대로 3일 동안 앓다가 하늘나라로 가셨다고 했다. 평소에 하셨던 말씀대로 목숨을 연명하기 위해 몸을 훼손하지 말라는 뜻을 받들어 목을 뚫지 않고 깨끗한 몸으로 천국에 가셨다.

시간이 흐를수록 벼리에게 어머니에 대한 그리움이 증폭하기 시작했다. 주방에서 저녁을 준비하다가 전화벨이 울리면
"얘들아, 외할머니한테 전화 온 거야?"
"엄마, 무섭게 왜 그래? 할머니 돌아가셨잖아."
마음속에는 언제나 그녀의 엄마가 살아 숨 쉬고 있었다.
자매들이 모여서 깔깔거리며 이야기를 나누다가 누군가 어릴 적 기억들을 회상하며 과거의 일들이 불확실할 때면
"언니, 그거 엄마한테 전화해서 물어봐."
"간장, 고추장 맛있게 담그는 비법을 엄마는 알거야. 물어봐."
"이건 오래된 일이라 엄마한테 물어봐야 확실한데 누가 엄마한테 물어볼래?"
때로는 엄마에게 안부전화를 하겠다고 시골집 전화번호를 누르고 있는 자신을 발견하게 된다고 하였다.

그녀는 엄마에게 다정하고 친절하게 대해주지 못한 것과, 자주 찾아뵙지 못한 자신을 자책하며 밤마다 베갯잇을 적셨다고 했다. 그녀의 딸들이 매일 밤 눈물 흘리는 자신의 엄마를 바라보며 물어왔다.
"엄마, 어디 아파?"
"아니,"
"그럼 무슨 일 있어? 왜 매일 밤 눈물을 흘려?"
"할머니 생각이 나서."

"할머니 돌아가신 지 2년이 지났는데도?"

"시간이 지날수록 엄마가 할머니에게 자주 찾아뵙지도 못하고, 잘 대해주지 못한 것이 생각나서 그래."

"엄마가 직장 다녀도 할머니는 서울에 오시면 우리 집에 계셨었잖아."

"봄별이 출산하고 2주 만에 외할머니에게 널 데려다 줘서 외할머니가 널 키워주셨잖아. 엄마는 출근 준비한다는 이유로 2주 만에 널 외할머니댁으로 보냈어. 할머니 할아버지가 너의 생의 첫 1년을 양육해 주셨어. 봄별이와 정이 들어서 보고 싶고, 맞벌이를 하니 잠시라도 도움이 될까 해서 우리 집에 오셨던 거지."

"맞아. 봄별이를 엄청 예뻐하셨어."

"근데, 엄마는 할머니한테 다정하고 친절하게 대해주지도 못했고, 맛있는 것도 많이 사주지 못했고, 용돈도 풍족히 드리지 못했어. 같은 이야기를 여러 번 얘기해도 아무 말 없이 듣기는 했지만, 처음 듣는 것처럼 호들갑 떨며 재미있게 들어주지 못했어. 때로는 매운 걸 왜 못 먹느냐고 팔십대 할머니에게 이상하다고 했는데 내가 나이 들어보니 육십 대인 나도 매운 걸 못 먹겠더라. 할머니 나이가 되어보지 못하니 그 심정을 몰랐어. 그래서 모든 것이 다 후회가 된단다."

"그렇다고 매일 밤 울어?"

"울고 싶어서 우는 것이 아니야. 할머니 생각만 하면 그냥 눈물이 흘러내린단다. 살아계실 때는 천년만년을 매일 함께 살줄 알았어."

"그건 엄마 바람이었겠지."

1. 화두 _ 39

"그렇지, 예전에도 고비를 겪다가 다시 건강해지셨으니 이번에도 바로 회복하실 줄 알았어. 잘못 되거나 이별하는 것은 상상조차 싫었으니까. 너희들도 나처럼 후회하지 않으려면 오늘이 생의 마지막 날인 것처럼 살아. 그러면 후회하지 않을 거야."

"엄마, 부모님께 효도하고, 기쁨으로 천국 갈 수 있게 매일 매일 회개하고, 가슴에 묻어두지 말고 너그럽게 용서하고, 사랑하며 살라는 거지?"

"그래. 어렵겠지만 실천하다 보면 생활화되지 않겠어?"

그녀는 몇 년 동안 어머니를 생각하며 밤마다 눈물을 흘렸다. 눈물샘이 말랐는지 이제는 눈물을 흘리지 않는다고 하였다. 천국에 계신 어머니가 매일 밤 울고 있는 딸을 보면 마음아파 하실 것을 알았는지, 꿈속에서 엄마를 만나 정다운 시간을 보냈는지 말하지 않았으나 하나님께서 그녀의 눈에서 눈물을 거두어 주셨다고 했다. 지난날을 자책하며 눈물 흘리는 딸을 기뻐하지 않을 것은 분명하니까.

벼리네 가족은 3대가 함께 사는 대식구였다. 한 상에 둘러앉아 밥을 먹을 수 없어서 항상 밥상 두 개를 차려야 했다. 할머니와 아버지, 그리고 남동생 두 명이 네모난 밥상에서 먹었다. 엄마와 다섯 명의 딸들이 둥근 밥상에 둘러앉았다고 하였다. 벼리는 자신과 함께 자라고 생활했던 형제자매를 소개했다.

인별 언니는 엄마처럼 포근하고 동생들을 포용하는 넓은 가슴을 소유한 6명의 동생들이 모두 동경하는 대상이었다. 인별 언니는 서울에 상경한 동생들이 살 수 있도록 거처를 제공하기도 했다. 인별 언니 집에서 거주하면서 직장을 다녀도 벼리는 부모님이 자녀에게 베푸는 사랑인 듯 고마운 줄 모르고 당연하게 받았다.

스피드와 결벽증은 어떤 관계가 있나.
결벽증에 가까울 정도의 혜별이 언니는 깔끔하고 부지런하여 할 일을 미뤄두지 못하는 급한 성격인 만큼 말이 빠르고 행동도 빠르다. 알뜰한 살림살이로 넉넉하지 않지만 남에게 베푸는 것을 좋아한다. 오른손이 하는 일을 왼손이 모르게 남을 돕는 일에 앞장선다.

에너지가 넘치며 자신감이 온 몸에 흐르던 광별 언니는 언제나 벼리의 주변에서 수호신이 되어주었다. 초등학교 때부터 60이 넘은 지금도 인근에 살면서 그녀가 보내는 SOS에 즉각 응답한다. 때로는 매서울정도로 두뇌가 냉철하나 가슴은 뜨거운 난로를 품에 안고 사는 사람처럼 사랑의 온도가 화상을 입을 정도로 따뜻하다.

벼리와 쌍둥이 같은 영별이와 나누는 대화다.
"우리 둘은 쌍둥이였지 않을까?"라고 진담처럼 농담을 했다. 너무 대화가 잘 통하고 생각과 행동이 거의 동시에 일치했기 때문이다. 2차 성징인 생리도 동생이 중학교 2학년이고 그녀가 고등학교

1학년인 5월 7일 아침에 동시에 시작했다. 이쯤 되면 누구라도 둘이 분명 쌍둥이였을 것 이란 추측을 지울 수 없다. 둘은 호흡이 척척 맞는 허무맹랑한 소설을 어릴 때부터 쓰고 있었던 것이다.

예수님의 인격을 닮은 남동생 세별은 사연이 많다. 딸만 다섯 명을 낳자 부모님이 하나님께 서원기도를 하여 얻은 귀한 아들이라고 했다. "너는 하나님께 바치겠다고 서원하여 낳았으니 목회자의 길을 가야 한다."고 했다. 세별이 동생은 부모님의 서원에 한 번도 반발한 적 없이 성직을 자신이 가야할 길로 받아들였다. 세별 동생은 지금도 예수님의 인격과 성품을 닮은 목회자로 사역하고 있다고 하였다.

어리지만 분위기 있고 문학적 기질이 다분한 막내 동생 진별이. 충청남도 글짓기대회에서 우수상을 수상한 바가 있는, 어리지만 자기 주장이 뚜렷해 누나에게 거침없이 자기 주장을 하는 진별에게 그녀는 참교육을 시키겠다고 창고에 가두었던 일이 있다. 아동학대라고 주장할 법한 과거를 고백하고 사과했을 때 정작 본인은 전혀 기억이 없는 일이라고 하여 마음의 무거운 짐을 내려놓게 했다.

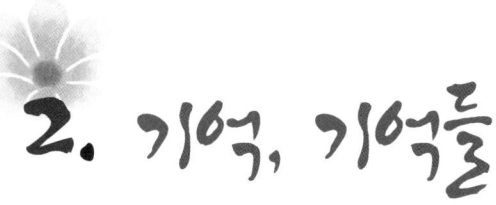

2. 기억, 기억들

 누군가 얘기를 하는 것을 들었다. 자신은 엄마 자궁 속에서부터 기억을 가지고 있다고. 거짓말이라고 일갈했지만 속으로 "정말? 엄마 자궁 속에서부터 기억이 있다고?"란 반문을 했다. 오늘은 그녀에게 최초의 기억을 묻기로 했다. 그녀는 정확한 기억이 아닌 추리로 최초의 기억을 가정하였다.
 "자궁 문이 열리고 세상에서 첫 호흡을 하던 날, 힘겹게 어둠을 뚫고 나와 밝은 빛에 비치는 아버지의 얼굴을 보았을 것이다. 아버지의 손에 안겨 첫 울음을 울었고, 생면부지의 세상을 온몸과 감각으로 마주하던 날이었다. 핏덩이인 벼리를 정성껏 씻어 주시고, 부드러운 보에 싸서 아버지의 품에 처음으로 안겨졌을 것이다. 집중력을 다 끌어 모아 기억을 더듬어 봐도 아쉽게도 그때 그 감격의 순간은 기억 속 그 어디에도 없다. 세상에 태어나자마자 눈을 뜨지 못하니 본 것은 전무할 것이고, 그것도 태어난 후 2~3일쯤에야 제대로 엄마의 젖을 빨며 신생아의 시력인 0.3정도의 시력으로 희미하게 보이는 엄마 얼굴을 보았을 것이다. 흑백시대여서가 아니라 이 시기의 시력은 극히 낮으니 흑백으로 계란형의 얼굴에 온화하게 미소 짓고 있는 예쁜 엄마 얼굴을 바라보았을 것이다. 현실 속에서 어릴 적 내 기억속의 최초의 기억은 서너 살 무렵부터 시작된다."라고 하였다.

    같은 마을에 할머니 집과 그녀 집은 100미터정도 떨어진 거리에서 살고 있었다. 그녀가 살고 있는 집은 아주 어릴 적 사람들이 커다란 돌로 만들어진 다지기 같은 것을 가지고 사방을 다졌다. 네 귀퉁이에서 네 명이 들고 노래처럼 흥을 돋우며 땅을 다지던 모습이다. 땅을 다지고 나자 목수들이 나무에 먹줄을 튕기고 수치를 재던 모습이 기억에 있다고 했다. 먹물을 튕기던 나무들은 톱질을 거쳐 기둥으로 세워졌다. 먹물이 튀겨서인지 기와집을 짓는 바닥에는 검은 가루가 여기저기 많이 묻어 있었다. 칸막이가 많이 있어서 목수들이 쉴 때 그곳을 넘어 다니며 구석을 들여다보았던 기억이다. 그 무렵 할머니 집은 통나무로 기둥을 세우고 대청마루의 서까래가 아주 웅장한 한옥의 함석집으로 지었다. 당시에 재력이 풍부해서 읍내의 유지였던 잘 나가던 큰아버지가 일류의 목수들을 불러 최상의 통나무를 사서 대패로 다듬어 기둥을 세우고 서까래를 올린 읍내 최고급 한옥 함석집을 지었다. 그렇게 지어진 집은 그녀가 중학생이 될 무렵 연세가 들어 홀로 계신 할머니와 합치기 위해 아버지가 그녀의 집을 팔고 할머니 집으로 들어가기로 결정했다. 당시 할머니 집의 가격은 상상을 초월한 쌀 100가마 이상의 가격을 할머니에게 치르고 합가했다. 그녀의 아버지는 엄마의 불편함을 뒤로하고 할머니와 합가하여 엄마의 아기자기하고 달달했던 생활은 여기서 멈췄다. 따뜻하고 다정하기보다 위엄 있는 할머니를 모시는 일은 그리 쉽지 않은 일이었으므로.

다섯 살 초여름 어느 날, 그날은 다른 날과 달리 아침 일찍부터 할머니 집으로 갔다. 무슨 일인지 모르겠는데 멀리 사는 친척들이 할머니 집에 다 모였다. 동네 사람들까지 마당에 그득했다. 나중에 자라서 사진을 보고 알았다. 그날이 할머니 회갑잔치 날이었다는 것을. 마당에 멍석을 깔아 놓고, 그날 잔치에 사용할 갖가지 음식과 과일과 먹을 것들을 상차림 접시 위에 높이 정렬시켜 놓았다. 태어나서 처음 보는 화려한 상이 차려졌다. 그리고 잔치 상 중앙에 주인공인 할머니, 할아버지가 앉고 양쪽 앞 열엔 친척 어르신들이 앉았다. 바로 뒷줄 할아버지와 할머니 사이에 벼리가 앉아있었다고 사진이 말하고 있다. 아버지와 엄마를 비롯한 모든 친인척들이 앞사람의 뒤통수를 비켜서 최초의 사진을 찍었던 때의 기억이 아직도 생생하다고 했다.

그녀의 엄마는 촘촘한 참빗을 소중히 여겼다. 그날도 그 참빗으로 곱게 머리를 빗었다. 엄마가 천국으로 떠나신 후 그녀가 유품으로 챙겼던 것이 바로 엄마가 사용했던 참빗이다. 동백기름을 발라 머리카락 하나도 빠지지 않게 참빗으로 곱게 빗은 쪽머리에 한복을 차려입었다. 아버지는 한복에 두루마기까지 입고 찍은 사진은 젊은 청년의 모습으로 찍혀 있었다. 큰아버지와 작은아버지, 고모, 친척들도 곱게 차려 입고 할머니 회갑잔치를 기념하는 사진을 찍었다. 그 사진 속에 바로 두 살 위인 광별이 언니는 없었다. 그녀가 부러워했던 것은 언니들은 60년대에 모두 유치원에 다녔다. 그녀의 언니들 최초의 학교교육은 초등학교가 아닌 요즘 말하는 처음 학교인 유치원교육부터 시작되었다. 그래서 바로 위에 광별이 언니는 유치원에 등원하였고, 맏언니인 인별이 언니와 둘째인 혜별이 언니는 초등학교에 등교해서 할머니 회갑잔치 사진에 나와 있지 않았다. 갓 돌을 넘긴 바로 아래 영별이 여동생은 아기라 늦잠을 자고 있었는지 할머니 회갑잔치 기념사진 속에 없었다. 귀하고 소중했던 시간의 현장이 생생하게 기록된 사진이다. 벼리는 회갑잔치의 주인공인 백영아 할머니 바로 뒤에서 무릎을 세우고 사진에 찍힌 순간이 최초의 사진이요, 지금까지 전해지는 기록물로 남아 있다. 벼리는 역사적인 순간에 역사적인 현장을 지키고 있었다는 자체만으로도 복되고 감사한 일이라고 했다.

여름 하늘에 뿌려진 은하수처럼 빼곡한 추억이 담겨 있는 그녀의 고향은 충남 논산이라고 했다. 눈을 감고 고향을 떠올리면 질퍽한 황톳길이 보이고, 구보중인 군인과 가스실에서 튀어나와 괴로워하는 군인들, 뻐꾸기 울음소리 들으며 따먹던 딸기, 수줍은 새색시의 붉고 뽀얀 속살 같은 복숭아가 보인다고 했다. 마당에 펼쳐 놓은 멍석 위에 앉아서 북두칠성을 찾고, 금성을 찾았고, 별을 보고 말

구유로 찾아갔던 동방박사를 생각하며 이야기했다. 모깃불을 피워 놓은 연기가 밤하늘을 수놓으면 쏟아지는 별들이 때론 은하수처럼 보이도록 착시현상을 만들어 놓았다. 지금은 승격이 되어 논산시가 되었지만, 과거에 아버지가 학교에 다니던 때는 논산군 구자곡면 소재지의 조용한 시골이었다. 구자곡면이었던 행정구역에서 그녀가 자랄 때는 연무읍 소재지로 승격하였다. 시골이지만 교과서에 나와 있듯이 대한민국이 인정하는 도시이다.

"야들아, 우리 딜은 군사도시에 살고 있는 디 연무대를 시골이라고 하는 게 맞는 겨?" 난식이는 언제나 시골로 불리는 것이 불만이었다. 제2훈련소를 품고 있는 군사 도시인 논산 연무대를 시골이라고 해야 하나?라는 물음이었다. 아이러니하게도 군사도시이지만 군부대 때문에 개발이 제한되어 낙후된, 그래서 발전이 자유롭지 않은, 군부대로 개발이 제한되어 발전을 하지 못하는 것은 누구나 아는 사실이라고 했다.

아버지 고향이자 그녀의 고향인 논산은 뻐꾸기 울음소리에 리듬을 맞추며 수확하던 딸기, 자신의 존재감을 알리기 위해 털로 접근을 방해하던 복숭아, 신발과 바지에 늘 흙을 묻혀 주던 황톳길, 위문편지의 주인공 국군장병 아저씨들이 모인 훈련소의 군인, 꼬불꼬불한 황금들판, 집집마다 꿈을 담아 키우던 누렁이 황소, 여름이면 하굣길에 냇물에 몸을 담그고 송사리를 잡던 곳 냇가, 논산 인터체인지 부터 연무대까지 진입로를 코스모스 길로 만들었던 호남고속도로, 새벽마다 깨우던 새마을운동가, 그리고 마을 곳곳을 가득 채웠던 많은 아이들이 생각난다고 했다. 벼리 아버지는 6남매 중

둘째아들로 태어났다고 했다. 효심이 지극한 아버지는 모든 형제자매가 살길을 찾아 도시로 떠났지만 홀로되신 어머니를 지키기 위해 고향에 남았다. 또한 부요한 농촌의 미래를 꿈꾸며, 추억이 가득한 고향 농촌을 사랑하여 지키기로 했다. 농촌 계몽운동의 실현에 대한 꿈과 연로하신 할머니 곁을 지키기 위해 고향을 떠나지 않았다고 했다.

벼리는 아버지와 고향을 생각하면 정지용 시인의 시 '향수'가 생각난다고 했다. 마치 향수의 시어들이 자신의 고향을 노래하듯 눈앞에 영상이 펼쳐지는 것 같다고 했다. 잠시 목소리를 가다듬던 그녀는 정지용 시인의 향수를 낭송해도 되는지 물었고, 바로 낭송해 달라고 했다.

넓은 벌 동쪽 끝으로/ 옛이야기 지줄대는 실개천이 휘돌아 나가고,/ 얼룩백이 황소가/ 해설피 금빛 게으른 울음을 우는 곳,/ 그 곳이 차마 꿈엔들 잊힐리야./

질화로에 재가 식어지면/ 빈 밭에 밤바람 소리 말을 달리고,/ 엷은 졸음에 겨운 늙으신 아버지가/ 짚베개를 돋아 고이시는 곳,/ 그곳이 차마 꿈엔들 잊힐리야./

흙에서 자란 내 마음/ 파아란 하늘빛이 그리워/ 함부로 쏜 화살을 찾으려/ 풀 섶 이슬에 함추름 휘적시던 곳,/ 그곳이 차마 꿈엔들 잊힐리야./

전설 바다에 춤추는 밤물결 같은/ 검은 귀밑머리 날리는 어린누이와/ 아무렇지도 않고 예쁠 것도 없는/ 사철 발 벗은 아내가/ 따가운 햇살을 등에 지고 이삭 줍던 곳,/ 그곳이 차마 꿈엔들 잊힐리야./

　　하늘에는 성근 별/ 알 수도 없는 모래성으로 발을 옮기고,/ 서리 까마귀 우지짖고 지나가는 초라한 지붕,/ 흐릿한 불빛에 돌아앉아 도란도란 거리는 곳,/ 그곳이 차마 꿈엔들 잊힐리야./

　　아버지는 새마을 지도자로, 엄마는 부녀회장으로 농촌계몽운동을 하였다고 했다. 농한기에는 비닐하우스를 설치하여 딸기를 재배하여 겨울에도 소득을 창출할 수 있다는 것을 몸소 보여주었다. 농번기에도 일반적인 농사보다 갖가지 특용작물을 재배하는 등 선진농법을 배워 전파했다. 농촌사랑과 효심이 가득한 아버지는 차남이지만 장남 노릇을 하면서 농촌을 지키며 살았다. 차남인 아버지보다 맏며느리도 아닌 둘째며느리인 그녀의 엄마가 할머니를 모시느라 맘고생을 많이 했다고 했다. 벼리 엄마는 할머니를 모시느라 친구들과 꽃놀이 한번을 가지 못했다고 했다. 외할머니가 계신 친정도 자유롭게 가서 자고 오지 못했다. 왜 할머니 눈치를 보며 친정에도 가지 못했는지 그녀는 알 수 없었다고 했다. 엄마가 집에 없으면 할머니가 불편할까봐 배려한 마음이 자녀의 눈에는 답답하게 느껴졌다고 했다. 그녀의 엄마는 같은 읍내에 있는 친정을 일 년에 한 번도 제대로 가지 못했고, 자녀들만 외할머니가 계신 외가에 다녀오도록 하는 식으로 식구들과 소통했다고 했다.

　　그녀의 부모님은 딸 다섯 명을 낳고 아래로 아들 두 명을 낳았다고 했다. 그녀의 큰아버지와 부모님이 경쟁하듯 연달아 딸을 다섯 명씩 낳았다고 했다. 딸 다섯을 낳을 때까지 그녀의 엄마는 신앙생활을 하지 않았다고 했다. 딸만 다섯 명을 낳자 아버지는 엄마를 전도하였다. 신앙을 받아들이지 않던 엄마는 다섯 번째 딸을 낳은 후 아들을 낳기 위해(추측이지만 상당히 가능성이 있다) 신앙생활을 시작하였다. 그녀의 아버지는 엄마를 설득하여 서원기도를 작정하였다. 다섯 번째 딸을 낳은 3년 후인 1965년에 그토록 간절히 바라고 서원했던 아들을 낳게 되었다.

서원한 대로 아들을 하나님께 드리기로 한 그녀의 아버지는 모든 사람에게 선포했다. "우리 아들은 하나님께 목회자로 바치기로 약속을 하여 얻은 아들입니다. 그래서 목사로 키울 것입니다." 라고 했다. 아들이 태어나자 아기 때부터 "너는 하나님께 바치겠다고 서원하여 선물로 얻은 귀한 아들이란다. 너는 앞으로 하나님께 영광을 돌리는 목사가 되어 하나님을 기쁘게 해 드려야 해."라고 말했다. 그리고는 어릴 때부터 '목사'로 호칭을 불렀다. 하나님을 믿지 않는 사람들도 그녀의 동생을 귀히 여겼고, 목사로 호칭을 불러주었다. 초, 중, 고에 재학하는 동안에도 선생님이나 친구들 모두 A 목사로 불러주었고 존중해 주었다. 고마운 것은 동생은 부모님의 서원기도에 대한 한마디의 불평도 없었다는 것이다. 자신은 부모님이 하나님과 약속으로 태어났기 때문에 신학대학에 가야 하는 것에 대한 거부감이나, 목회에 대한 거부감이 없이 순수하게 순종했다. 자신의 의사와는 상관없이 부모님에 의해 서원되었고, 하나님과의 약속을 지키기로 결정한 것에 한마디도 불평하지 않았다. 묵묵히 하늘 아버지를 향해 귀 기울였고, 아버지 말씀에 순종하였던 동생을 존경한다고 했다.

장남이 아닌 둘째아들인 벼리 아버지는 부모님께 재산을 상속받지 못하고 스스로의 힘으로 야산을 구입하였다. 황무지를 개간해서 과수원을 만들고, 품종개량과 선진농법을 도입하여 농사를 지었다. 3,000평이 되는 과수원은 집에서 뒷동산으로 나와서 보면 직선거리 300미터 정도의 거리라 잘 보였다. 아버지는 전지작업을 하면서 휘파람으로 언제나 찬송을 부르며 일을 하였다. 새벽예배를 마치고 아침식사가 준비되기 전에 과수원에서 일을 할 때면 동생과 그녀는 나란히 뒷동산에 올라가서 입가에 손나팔을 만들어 소리에 리듬을 태워 외쳤다.

"♬아버지~♪"

"♪오냐~♬"

"♬진지잡수세요~♪"라고 리듬을 태워 말하면 이내 메아리처럼 "♪오냐~♬"라고 응답하셨다.

그녀의 집 7남매는 모두 각각의 역할이 있었다. 말이 없는 첫째 언니 인별은 동생들이 우러러보는 살림 밑천, 둘째 언니 혜별은 열정이 넘쳐서 아버지에게 힘을 주고, 많은 일을 돕는 분위기 메이커, 성격이 급해서 말도 빠르다. 셋째 언니 광별은 아들보다 더 아들다운 믿음직스런 딸, 넷째 벼리는 언제나 아버지의 잔심부름하는 딸(아버지 입가엔 '벼리'가 매일 방울토마토처럼 주렁주렁 열려있다), 다섯째 동생 영별은 공주로 불렸으며, 남동생이 태어나기 전까지 아버지 어깨

위에서 살았다. 수줍은 미소를 지으며 아버지 앞에서 예쁘게 율동을 곁들여 노래를 불러줬다. 첫째 남동생 세별은 목사로 불리며 어려서부터 장로님이신 아버지에게 목회자에 대한 교육을 받은 꼬마 목사님이다. 둘째 남동생 진별은 재치가 넘치고 문학적 기질을 타고나 말 한마디에도 핵심이 있다. 모두가 과수원에 가서 일을 해도 열외가 되었다. 일하기를 너무 싫어하여 아침밥을 먹고 나면 어디론가 사라져 버린다. 함께 가서 재잘거리기만 해도 예쁜데 그마저도 싫어했다. 그러면서도

"아빠, 나중에 복숭아밭은 형에게 주고 사과 밭은 저 주세요."

일은 하기 싫은데 유산상속에 대한 것은 알았다.

"사과밭 보다 복숭아밭이 큰 거야."라고 말하면

"나는 동생이니까 작은 밭을 주고, 형은 형이니까 큰 과수원을 줘야지." 라고 해서 웃음을 주었다. 엄마가 천국으로 가시자 부모님의 유산을 포기하겠다고 선언했다. 대신 목회를 하는 형에게 상속하는 것이 어떠냐고 물었다. 7남매 모두 이의 없이 만장일치로 목회하는 세별 목사님에게 모두 상속해 주는데 동의하였다.

과수원을 경작하는 것은 겉으로 보기와 달리 소소한 일이 너무 많다. 시골에서 양식과 현금이 떨어지는 보릿고개인 여름에 출하를 하여 현금은 넉넉하지만 꽃이 피기 전부터 열매를 거둔 후 겨울까지도 4계절 모두 바쁘다. 겨울부터 봄이 오기 전에 가지치기를 하고 유황을 뿌려 소독해주면 꽃이 핀다. 꽃이 피고 나면 꽃을 적당하게 솎아 주어야 과일이 굵게 맺힌다. 여름에 땀 흘리며 수확하고 나서 늦가을부터 초겨울까지 구덩이를 파기 시작한다. 구덩이에 거름

을 주고 덮어주면 과일나무는 열심히 영양분 섭취하여 다음 해를 준비하는 일을 한다.

방학이면 부모님을 도와 첫째부터 넷째까지 일을 한다. 과수원에 가서도 막내 영별이는 일하는 동안 노래를 하고 때로는 율동으로 즐거움을 주기도 했다. 과수원에서 가족이 모두 함께하는 시간을 가졌던 것이다. 아버지는 호탕한 성격에 무한 긍정의 에너지를 소유한 분이었다. 아버지의 삶에 대한 열정은 그 누구도 흉내 낼 수 없다. 무에서 유를 창조하는 아버지의 열정적인 유전자는 자녀들에게도 유전이 되었을 것이라고 했다. 그녀에게도 그 누구도 흉내 낼 수 없는 열정이 숨 쉬고 있기 때문이다.

아버지는 태어날 때부터 술을 마시지 않는 바른생활로 태어난 줄 알았다. 그런데 어느 날 간증처럼 과거의 이야기를 하셨다. 예수를 믿지 않던 청년시절에는 술을 좋아했다고. 그런데 대학생이었던 막내작은아버지에게 전도를 받았고, 그날로부터 예수를 믿기 시작했다고 했다. 친구들이 술 좋아하던 아버지가 교회에 다닌다고 하니 술로 시험하려 했다고 했다. 술잔을 들이대며 딱 한잔 만 마셔보라고 권하다가 계속 외면하니 하루는 막걸리 통에 술을 가득 사와서 아버지 머리위에 쏟아 붓는 시험을 하였다. 술 마시는 사람은 술을 버리는 것을 그 무엇보다도 아깝게 생각한다고 들은 기억이 있다. 아버지 친구들이 아버지가 술을 끊고 교회에 나가자 시험하기 위해 술통에 있는 막걸리를 머리에다 붓고 흘러내리는 막걸리를 마시는지 시험했다고 했다. 그런데 아버지 친구들의 예상을 빗나가는 일이 일어났다. 흘러내리는 술에 젖으며 "나는 예수 믿는 사람이다. 그래서 이제 술은 마시지 않는다."라고 말하며 꿈쩍하지 않는 아버지를 보고 친구들은 참된 크리스천으로 모두 인정을 하게 되었다고 했다. 그 친구 중 한 분은 아버지가 전도를 하여 온 가족이 예수를 영접하여 집사의 직분을 받았고, 신앙생활을 하다가 천국에 가셨다.

하늘 높이 만국기가 휘날린다. 하늘은 푸르고 마음은 창공에 떠 있다.

그녀가 유년기를 보낸 1960~70년대 초등학교 운동회는 읍이나 면의 잔칫날 이었다. 운동회의 꽃인 마을대항 릴레이가 운동회의 대미(大尾)를 장식한다. 각 마을에서는 청년 어른 할 것 없이 잘 달리는 사람을 마을 대표선수로 출전시킨다. 초등학교 운동회의 꽃인 릴레이에서 우승은 해마다 벼리가 살고 있는 대(竹)밑(本) 마을에서 차지했다. 대나무가 많아서 붙여진 이름이라고 하였다. 대나무를 닮아 다리가 쭉쭉 뻗은 팔등신만 사는 동네가 아니었다. 마을에서 국민(초등)학교까지 거리가 약 4km나 되다 보니 달리기나 걷기에는 마을 모든 사람들이 선수 급 이다.

벼리 아버지도 해마다 마을을 대표해서 릴레이선수로 출전하였다. 해마다 우승을 하다 보니 7남매를 둔 장수 선수가 되었다. 어느 날 달리기 선수인 아버지에게 신기해서 물었다.

"아버지, 아버지는 어떻게 그렇게 달리기를 잘해요?"

"응, 그건 다 할머니 덕분이지."

"왜요? 할머니가 아버지만 릴레이선수로 낳으셨어요?"

"내가 어릴 때 얘긴데, 할머니 말씀을 듣지 않으면 할머니가 부지깽이를 들고 달려오셨어. 할머니에게 잡히지 않으려면 도망가야 했어. 그렇게 달리다 보니 릴레이선수가 되었단다."

"도망치면 할머니가 더 화가 나잖아요."

"아냐, 할머니 마음은 때려주려고 부지깽이를 들고 오는 게 아냐. 매 맞을 잘못을 했다는 사실을 일깨워 주는 거였어. 그래서 부지깽이를 들고 달려오지만 자식이 도망가서 피해야 매 맞지 않으니까 화는 나지만 도망가기를 원해서."

"그래서 아버지가 달리기 선수가 되셨네요?"

"그래. 나는 저 멀리 뒷동산까지 도망갔거든."

"뒷동산까지요?"

"응. 열심히 달리다 보니 선수가 되었구나."

"아, 그렇구나."

"천국도 마찬가지야, 예수님을 향해 열심히 달려가다 보면 천국에 이르게 된단다."

아버지는 마을을 대표한 릴레이선수였다. 그런데 자녀들은 아무도 아버지의 유전자를 받지 못했다고 생각했다. 운동회를 하면 달리기로 상을 받는 사람이 아무도 없었다. 벼리도 4학년 때까지는 달리기를 하면 8명 중에 4등 정도의 성적이 나왔다. 그런데 이상한 일이 일어났다. 5학년이 되자 갑자기 그렇게 잘 달리던 아이들이 왜 속도를 내지 않는지 의문이 생겼다. 벼리를 1등 하게 하려고 모두 약속이라도 한 듯 속도를 내지 않았다. 친구들이 전력질주하지 않으니 자연스럽게 벼리가 1등을 달리고 있는 것이었다. 그렇게 친구들은 고등학교에 진학할 때까지 약속이라도 한 것처럼 속도를 내지 않았다. 고등학교 때는 체육대회를 하면 자연스럽게 학급 대표 선수로 나가 달리게 되었다. 신장이 작으니 보폭도 짧았다. 하지만 다리가 긴 아이들이 한 번 다리를 떼면 벼리는 두 번 떼다보니 발이 누구보다 분주했고 속도도 빨랐다.

결혼을 하고 이사를 하여 서울 잠실에 있는 IMC교회로 옮겨 등록을 하였다. 신기한 것은 그렇게 큰 교회가 해마다 전교인 운동회를 개최했다. 잠실 체조경기장을 빌려서 교구별로 교구를 상징하는 체육복을 입고, 교구를 알리는 프랑카드와 교구에서 가장 아름다운 피켓 걸(대부분 키가 크고 예쁜 젊은 집사님) 뒤로 전 교구 성도들이 4열종대로 입장식을 하며 성대하게 운동회를 하였다. 운동회 종목은 10가지 종목이 넘었던 것 같다. 그중 그녀가 자신 있게 할 수 있는 종목은 피구, 제기차기, 줄다리기, 달리기 종목이었다. 피구, 제기차기, 줄다리기 세 가지 종목에는 해마다 선수로 선발이 되었다. 하지만 달리기(단거리, 중거리, 릴레이)에 대해서는 누구도 권하지 않았다. 몸이 가벼워서 잘 달릴 수 있는 자신감이 충만하여 하루는 속을 대표하는 속장님께 달리기 선수로 나가서 뛰어보고 싶다고 제안하였다.

"자기야, 달리기 선수로 나가면 안 돼."

"왜요?"

"우리 교구는 승부욕이 너무 강해서 잘 달리지 못하면 욕먹어."
"그래요?"
"완전 선수들이야."
"아, 그래요?"
그 후로 달리기에 출전하고 싶은 마음을 접었다.

50대 후반 막바지로 접어들었을 때 선수로 달리라고 하였다. 이젠 체력도, 자신감도 다 사라진 상태이다. 50세에 자궁적출을 하여 몸이 예전 같지 않았다. 그런데 50세 중반도 아닌 59세인 벼리가 50세들과 함께 달린다면 그건 당연히 무리였다. 하지만 내 의사와는 상관없이 등 떼밀려 선수로 나가서 달렸다. 그때는 실내체육관도 아니고 학교 운동장에서 체육대회를 했다. 땅거미가 질 무렵까지 운동회가 계속 되었다. 일상이 바쁘다보니 평소 운동이라곤 숨쉬기 운동밖에 하지 않았지만 그래도 왕년에 학급대표 달리기 선수로 나갔던 기억을 되살려 달렸다. 운동장 두 바퀴를 돌고 결승점으로 들어가는데 갑자기 다리가 휘청하더니 꼬이기 시작했다. 결승선 앞에서 1, 2등이 서로 각축전을 벌이고 있었다. 바로 두 발자국만 떼면 결승선인데 넘어지고 말았다. 온 몸으로 퍼지는 통증이 가슴에서부터 시작하여 손가락 발가락 끝까지 전달되었다. 발이 꼬여 넘어졌다는 창피함으로 아픔도 잊고 어떻게 기어들어 갔는지 그때만 생각하면 아찔하다. 과거에 선수였으니 충분히 잘 달릴 수 있다는 자만심에 연습도 하지 않고 중거리를 달리다 보니 지구력과는 상관없이 갑작스런 운동으로 발이 꼬이는 사태가 발생한 것이다.

신앙의 경주도 마찬가지라는 아버지의 말씀이 다시 생각났다.

"벼리야, 신앙생활을 한다는 것은 장거리 달리기와 같은 거야. 한 순간 전력질주 하고 끝나는 것이 아니라 꾸준히 달려야 하는 거야."

"계속 달리려면 지치고 힘들 때가 많겠네요."

"예수님이라는 목표점을 정하고, 그곳을 향해 꾸준히 달리다보면 천국에 이르게 된단다."

그랬다. 아버지 말씀대로 꾸준히 달렸어야 했다. 아버지의 말씀을 명심하고 게으름 피우지 않고 천국을 향해 날마다 꾸준히 달려가겠다고 다짐했다.

초등학교 때만 해도 바로 위의 언니인 셋째 광별 언니부터 막내 남동생 진별까지 안방에서 큰 솜이불을 덮고 함께 잤다. 서로 아버지 곁에서 자려고 자리다툼을 벌였다. 우리는 밤이 되면 아버지 양쪽 옆으로 누워서 옛날이야기를 해 달라고 졸랐다.

"아버지, 옛날이야기 해 주세요."

"옛날이야기 좋아하면 부자로 살지 못해."

아마도 옛날이야기 좋아하면 부자가 되지 못한다는 것은 과거에 얽매이지 말고 앞으로의 꿈과 미래에 대한 희망적이고 진취적인 이야기를 하라는 뜻이었을 것이다.

"그럼, 재미있는 이야기 해 주세요."

일곱 남매들이 보챌 때 마다 벼리의 아버지는 성경 속에 나오는 인물들을 주인공으로 삼아 이야기를 해 주었다.

"오늘은 어떤 이야기를 들려줄까?"

"재밌는 얘기요."

"세상이 온통 캄캄하고 어둠만 가득했어."

천지창조부터 아담의 갈비뼈를 취해 하와를 만들어 외롭지 않게 짝꿍을 만들어 준 이야기, 가인과 아벨 이야기, 100세에 낳은 이삭 이야기, 팥죽 한 그릇과 장자의 자리를 맞바꾼 에서이야기, 욕심이 많아 엄마 뱃속에서부터 형의 뒷다리를 잡고 태어난 야곱, 꿈꾸는 요셉, 예수님이 보고 싶어 뽕나무 위에 올라간 삭개오, 다윗과 골리앗 이야기 등 지금 생각해 보면 구약에서부터 신약에 이르기까지 모든 인물들을 재미있게 이야기로 만들어 들려주었다. 죽은 나사로가 살아난 이야기. 백부장의 이야기, 보리떡 다섯 개와 물고기 두 마리로 오천 명을 먹이고도 12광주리가 남은 오병이어 기적, 밤새 고기를 잡지 못하던 베드로에게 깊은 데로 그물을 던지라고 해서 153마리의 대어로 배에 가득 차게 고기를 잡았던 이야기. 성경 이야기를 들을 때 마다 각기 자신의 생각을 담아 아버지께 질문을 하고 자신의 생각들을 이야기 했다. 특히 키 작은 삭개오 이야기는 모두에게 재미를 안겨주었다.

"아버지, 정말 어른인 삭개오가 뽕나무 위에 올라갔어요? 아이도 아닌 어른이 창피한 줄도 모르고 어떻게 나무 위에 올라가요? 그리고 뽕나무는 회초리처럼 가늘고 1미터 정도밖에 안 되는 힘없고 작은 나무에 어떻게 올라가요?"

"그건 나무 위에 올라갔다는 비유겠지." 광별언니가 대답했다.

"비유가 안 맞잖아. 삭개오는 키가 작아서 예수님을 보려고 뽕나무 위로 올라갔는데 예수님을 보려면 큰 나무에 올라가야 맞지."

그녀가 살고 있는 마을에는 양잠을 하는 집들이 많았다. 밭에 뽕나무를 심었고 뽕잎이 무성할 때 뽕나무 가지를 베어서 누에에게 넣어줬기 때문에 뽕나무는 가을이 되면 남아있지 않고 밑 둥만 남았다. 봄이면 가지가 나와 모두 회초리처럼 가늘었다. 아는 만큼 보인다고 했다. 회초리 같은 뽕나무만 보고 자란 칠남매는 모두 한마디씩 하며 궁금증이 증폭했다. 아버지는 다음 날 아침에 일곱 남매를 모두 집 아래 공터에 있는 한 나무 아래로 데리고 가셨다. 아버지가 큰 나무를 가리키며 말씀하셨다.

"이 나무가 무슨 나무인지 알아?"

"모르겠는데요?"

"이게 바로 뽕나무인데 이렇게 큰 뽕나무도 있단다."

"이 나무는 뽕나무와 잎이 다른데요? 잎이 작아요."

"맞아. 잎이 너희들이 보던 뽕나무와 다르지? 이건 산뽕나무란다."

"사람들이 누에를 키우지 않으면 나뭇가지를 잘라서 누에에게 줄 일이 없으니 이 나무처럼 큰 나무가 되었을 거야."

칠남매는 집 근처에 있는 무관심했던 이름 모를 나무가 뽕나무였음을 알았다. 누에치는 뽕잎은 잎이 넓고 길지만 산뽕나무 잎은 단풍잎처럼 잎이 갈라져 있고 작아서 확연히 달랐으므로 고목처럼 큰 나무가 뽕나무였다는 것을 알지 못했다.

그녀는 꿈꾸는 요셉이야기를 좋아했다.

"아버지, 요셉의 곡식 단에 형들 곡식 단이 절을 했다고요? 그리고 해와 달과 열한 별이 요셉에게 절하였다고요? 요셉 기분이 최고였겠네요."

"요셉이 꾼 꿈은 단순히 꿈이 아니라 하나님이 하시고자 하는 말씀을 요셉을 통해 말씀하시는 거란다."

"그런데요, 왕이 꿈을 꾼 살찐 소 일곱 마리가 풀을 뜯고 있었는데 마른 소 일곱 마리가 살찐 소 잡아먹는 꿈, 시들은 이삭 일곱 개가 튼실한 이삭 일곱 개를 삼키는 꿈 그 꿈의 해몽을 어떻게 할 수 있어요?"

"그것도 하나님께서 요셉을 통해 말씀하셨던 거야."

꿈꾸는 요셉 이야기를 듣고 벼리는 바로 가족들에게 선포했다.

"나도 요셉처럼 꿈꾸는 사람이 될래요."

그녀는 가족들 앞에서 선포하는 것뿐이 아니라 바로 기도하기 시작했다.

"하나님, 저에게도 요셉처럼 꿈꾸는 사람이 되게 해 주세요. 제게 꿈으로 보여 주실 때는 기쁜 일보다 좋지 않은 일들을 미리 꿈으로 보여 주셔서 미리 피할 수 있도록 해 주세요."

하나님이 요셉에게는 열일곱 살에 꿈을 통해 보여주셨다. 벼리는 초등학교 3학년 때부터 꿈을 꾸게 해 달라고 기도했다. 그때부터 사소한 일들도 꿈속에서 미리 보여주셨다. 꿈을 꾸고 나면 바로 엄마에게 이야기를 했다.

"엄마, 아랫집 대식이 누나가 서울에서 내려왔어?"

"네가 그걸 어떻게 알았어?"

2. 기억, 기억들 _ 61

"내 꿈속에서 대식이 누나가 집에 왔더라고."

"그래, 아침에 우물에 갔더니 어젯밤 늦은 시간에 대식이 누나 정숙이가 내려왔다고 하더라."

"정말, 내 꿈이 맞았네."

꿈꾸는 요셉이야기를 듣고 기도를 한 후 초등학교 때부터 사소한 일들부터 큰일까지 꿈속에서 생생하게 보여주셨다고 했다. 그 후로 꿈을 꾸면 잠자고 일어나서 바로 이야기를 하였다. 나이가 듦에 따라 꿈도 구체적이고 깊이가 있어졌다.

"내 꿈에 … "라고 이야기를 시작하면 언니들은

"이야기 하지 마. 쟤가 꿈에 … 라고만 하면 겁나."

그래도 이야기를 해야겠다고 했다.

"꿈속에서 돌아가신 작은 아버지가 휘리릭~ 날아서 우리 집으로 들어오시더니 할머니를 데리고 하늘로 휙 날아가셨어."

"할머니 지금 서울 큰아버지 집에 가셨잖아."

"어쨌든 내 꿈에 작은아버지가 할머니를 데리고 하늘로 날아가셨어."

그녀가 그 꿈을 꾸고 며칠이 지났다. 서울 큰아버지 댁에 다니러 가신 벼리 할머니가 배가 아프다고 약을 처방하여 드셨다고 하였다. 일주일 정도 앓다가 나아져서 살고 계시던 시골 벼리아버지 집로 내려가셨다고 했다. 그곳에서 바로 천국으로 떠나셨다. 그녀의 아버지는 매번 할머니에게 말했다.

"엄니, 하나님께 하늘나라로 가실 때 편히 가실 수 있게 해달라고 기도하세요."

아버지와 할머니의 기도대로 편안하게 이 땅에서의 생을 마감하셨다. 장남이 살고 있는 집에 가서 가족들을 다 만나고 다녀오신 다음 살고 계신 고향에서 천국으로 가셨다.

결혼 후 친정에 전화를 했다.

"엄마, 지금 집에 무슨 일 있어?"

"왜?"

"엄마, 아버지가 근심어린 얼굴을 하고 있던데 무슨 고민 있어?"

"아냐, 별일 없이 잘 지내고 있어. 너도 잘 지내고 있지?"

"근데 왜 내 꿈속에 엄마, 아버지 얼굴이 근심어려 보이지?"

"이렇게 전화하라고 보였나보다. 우린 잘 지내고 있으니까 걱정하지 마."

"이상한데? 별일 없으면 다행이야."

아버지는 교회를 두 곳에 개척하셨다. 벼리 가족이 섬기던 교회를 처음 개척하였고, 그녀가 초등학교 3학년 때 그곳에서 장로취임을 하셨다. 교회가 부흥되어 성도들이 앉을자리가 없을 만큼 많은 사람들이 모여 재미있게 신앙생활을 했다. 교회와 그녀가 살고 있는 동네의 거리는 4km거리였다. 마을과 교회의 거리가 멀고 본 교회도 부흥이 되어 앉을자리가 없으니 우상숭배가 심한 벼리의 마을에 교회를 개척하는 것이 어떻겠느냐는 의견이 나왔다. 땅 끝까지 이르러 내 증인이 되라는 말씀에 의지하여 그녀가 사는 마을에 교회를 개척하기로 하였다. 어른 15명 정도의 교인이 4km의 거리에 있는 교회에 나가고 있었다. 15명이 합심하여 마을에 교회를 개척하기로 했다. 들어온 건축헌금만으로는 부족하니 교인끼리 계를 부어 그것을 타는 대로 건축헌금에 내기로 했다.

중학교 2학년 때 냇가에서 모래를 퍼 나르고, 그 모래로 세멘 벽돌을 찍고, 벽돌을 튼튼하고, 견고하게 하려고 조루로 벽돌에 물을 주었다. 교인들 한 사람 한 사람의 기도와 땀방울이 들어간 교회를 건축하기 시작했다.

"하나님, 저의 이 작은 일이 하나님을 영화롭게 하고, 솔로몬이 지은 예배당처럼 화려하고 아름답지는 않지만 저에게는 이번에 짓는 이 예배당이 아주 귀중합니다. 이 교회을 통해 예수님을 모르는 많은 사람들이 영혼 구원을 받게 하옵소서. 교회건축이 제 삶에 큰 축복이 되리라 믿습니다. 제 인생에 이런 예배당을 건축하는 역사적인 현장에서 힘을 보태게 하시니 감사합니다. 이 일이 하나님을 기쁘게 해 드리는 일이 되게 하옵소서. 하나님 나라에서 상급이 크리라고 믿습니다. 기쁨으로 힘쓰게 하심에 감사합니다. 우리 모두의 힘을 합해 예배당을 지을 때 마귀가 틈타지 않게 불담으로 지켜 주셔서 하나님께 귀히 올려 드리는 건축이 되게 하여 주옵소서."

교회를 건축하기 위해 모든 교인이 건축헌금을 작정하기로 했다. 중학생인 그녀의 수중에 있는 돈은 전 재산이 2만원이었다. 꼬깃꼬깃한 전 재산을 손에 꼭 쥐고 기도했다.

"하나님 아버지, 성경 속에 나오는 가난한 과부가 전 재산 렙돈 두 닢을 바친 것처럼, 제게 있는 전 재산인 비상금 2만원을 건축헌금으로 바치겠습니다. 기쁘게 받으시고 귀하게 사용하여 주세요.

그리고 저의 삶을 주님께서 지켜주시고 저를 축복의 통로로 사용하여 주세요."

우여곡절이 많았지만 전 교인의 기도와 땀방울이 어린 건축헌금으로 교회가 완공이 되었다. 부족분은 은행 대출로 충당하기로 했다. 우상숭배가 많은 동네여서 전도가 쉽지는 않았지만 기존의 예배당과 거리가 멀어서 신앙생활하지 못하던 사람들이 교회에 나오며 교회가 부흥이 되는 것 같았다.

교회가 부흥하기 시작하자 하나님이 기뻐하지 않는 일이 마귀를 통해 은밀히 이루어지고 있었다. 그 일로 동네가 시끄러워졌고, 물의를 일으킨 두 사람은 교단에서 제명되었고, 마을에서도 부끄러워 살 수 없으므로 고향을 떠났다. 그렇게 일이 끝난 줄만 알았는데 2~3년이 지나자 한 사람은 다시 마을로 돌아와 교회에 나오기 시작했다. 그것도 회개하거나 자숙하는 모습은 보이지 않고 악한 마귀와 함께 교회를 훼방하기 시작했다. 아니 성령을 거슬리고 있다는 표현이 옳을 것이다. 교단에서 제명당했던 사람을 새로 바뀐 연세 드신 목사님이 하나님의 눈으로 바라보지 않고, 오토바이 1대와 맞바꾸어 자신의 판단력으로 교단에서 복권을 시켜주는 불상사가 일어났다. 그로인해 교회 부흥에 큰 걸림돌이 되었다. 직분을 받고 열심히 신앙생활 하던 사람들마저 그와 같은 교회에서 신앙생활 할 수 없다며 멀리 읍내에 있는 교회로 교적을 옮겨 떠났다. 떠난 사람 중에는 그 사람의 형 부부도 그 사람과 함께 신앙생활을 할 수 없다며 다른 교회로 떠났다. 새 사람으로 변화하여 왔다면 누가 그를 거부하겠는가. 그는 이전보다 더 악한 마귀를 데리고 함께 교회를 훼방했다. 아니, 성령을 거슬리고 훼방했다.

그는 권사로 복권한 뒤 하나님 앞에 회개하고 바로 서는 것이 아니라 장로를 섬김과 헌신의 직분이 아닌 자신의 신분상승의 도구로 삼았는지 장로가 되고 싶었다. 시간이 흐를수록 그의 목소리는 커져만 갔고 교인들의 의사와는 상관없이 담임목회자도 자신의 뜻을 따르지 않으면 괴롭혀서 교회를 떠나게 했다. 교리와 장정대로 하면 그 교회에는 장로를 1명밖에 세울 수 없었다. 그래서 장로인 그녀 아버지에게 자신이 장로를 할 것이니 은퇴를 하라고 종용하며 괴롭히기 시작했다고 했다. 부모님은 함구하였으므로 아무도 알지 못하고 시간이 한참 흐른 후에 알았다. 그 사람이 회개를 하고 새로운 사람으로 제대로 신앙생활을 하는 사람 같으면 후배를 위해 미리 은퇴도 생각하겠지만 그는 성령을 훼방하고 교회부흥을 방해하는 사람이었다. 그가 그녀의 아버지를 힘들게 할 때 마다 꿈속에서 엄마 아버지의 얼굴이 보였던 것이었다.

시간이 한참 지난 후, 아버지가 천국에 떠나신 후에야 그녀의 엄마가 고백했다.

"어쩜 그렇게 정확한지 그 사람이 마귀 짓을 하면 어떻게 알고 기가 막히게 전화를 하냐?"

"꿈속에서 엄마, 아버지 그늘진 얼굴이 보였어. 그래서 전화했고, 분명 무슨 일이 있는 것 같은데 말을 하지 않는 것 같아서 평안한 마음을 주시라고 기도만 했지."

"신기하게도 한 번도 빠짐없이 그럴 때 마다 네게서 전화가 오더라."

"어려서부터 아버지한테 요셉 이야기를 듣고 꿈꾸는 사람이 되게 해 달라고 기도했잖아."

"그래. 그랬었지."

하나님은 가라지도 추수할 때까지 알곡이 다치지 않게 기다리고 계신다고 했다. 미리 제거해 주시면 주변 사람이 편안해 질 수 있을 것 같은데 하나님의 뜻은 가라지를 통해서도 일하시기 때문이겠다.

"주께서 경건한 자는 시험에서 건지실 줄 아시고 불의한 자는 형벌 아래에 두어 심판 날까지 지키시며"(벧후2:9)

시시때때로 소름이 돋도록 너무도 생생하게 꿈으로 보여주신 일이 많다고 했다.

남편 직장이 시댁과 가까이 있어서 불가피할 때는 그녀의 남편을 시댁에서 자도록 했다.

"결산하느라 피곤하고 힘이 들것이니 오늘은 집에 오지 말고 부모님 집에서 자."
"와이셔츠 갈아입어야 해서 집에 갈 거야."
"와이셔츠는 그냥 사서 입어."
"왜 내 집인데 오지 말라는 거야?"
"글쎄, 아무 말 말고 내 말 들어. 오지 말고 그냥 시댁에 있어."
"그래도 올라갈 거야."
"내가 꿈을 꿔서 오지 말라는 거야."
"괜찮아. 갈 거야."
"아, 오지 말라니까."

그녀가 남편이 집에 오는 것을 그토록 만류하였는데 결국 남편은 서울에 올라오다가 타고 있던 차가 교통사고가 났다. 꿈속에서 너무나 생생히 보여줘서 집에 오지 말라 하였다.

그녀가 꾼 꿈은 이랬다.
갑자기 하늘에 검은 구름이 끼기 시작했다.
하얀 국화가 보였다.
국화는 이내 시들어 버렸다.
깜짝 놀라 잠에서 깨었다.

그녀에게 꿈을 통해 피할 기회를 주셨다. 하지만 남편은 아내의 말을 신뢰하지 않았다. 아내를 불신한 남편으로 선택된 결과였다. 교통사고 후에 한다는 말이
"꿈속에 그렇게 보여주셨다고 말하지" 라는 어이없는 말을 했

다.

"언제까지 뒷북을 치시겠습니까?"

입 밖으로 나오지 못한 말이 그녀 입속에서 맴돌았다.

하늘이 어두워지고 하루 종일 비가 쏟아졌다. 전날 밤에 꾼 꿈을 생각하며 별 일없이 하루가 지나가도록 기도했다. 그런데 곡조 있는 기도로 찬양을 부를 때는

"주여 지난밤 내 꿈에 뵈었으니 그 꿈 이루어 주옵소서 … .

아니, 아니, 하나님, 취소합니다. 그 꿈 이루어 주시면 안 돼요. 제가 찬양을 잘못했어요."

상반된 찬양을 하고 있는 입을 틀어막았다.

"구주여 광풍이 일어 큰 물결이 뛰 놀며 온 하늘이 어둠에 쌓여 피할 곳을 모르니 우리가 죽게 된 것을 안 돌아봅니까. 깊은 바다에 빠지게 된 때 주무시려 합니까. 큰 바람과 물결아 잔잔해. 잔잔해. 사납게 뛰노는 파도나 저 흉악한 마귀나 아무것도 주 편안히 잠들어 누신 배 뒤엎어 놓을 능력이 없도다. 주 예수여 풍파를 꾸짖어 잔잔해. 잔잔해 주 예수여 풍파를 꾸짖어 잔잔하라."

종일 손에 일이 잡히지 않았다. 시간이 날 때마다 찬양과 기도를 하였으나 상반된 찬양이 섞여 나오는 바람에(?) 피할 길을 잃었고, 아내의 말에 진지하게 귀 기울이지 않은 남편의 행동에 하나님이 피할 수 있도록 미리 보여주신 그 날의 사태를 피하지 못하고 교통사고를 내고 가해자가 되고야 말았다. 감사한 것은 남편의 몸은 털끝도 다치지는 않았지만 마음과 물질에 많은 피해가 있었다.

그녀 부부가 섬기던 OS감리교회 송목사님께서 사고 후 찾아와 기도와 정성을 담아 위로해 주셨다. 목사님께 꿈 이야기를 했을 때 목사님께서는 앞으로는 꿈을 해몽할 수 있는 능력도 달라고 기도하라고 하셨다. 그렇다. 꿈으로 미리 보여 주셔서 피할 수 있게 해 달라고 하였지 요셉처럼 해몽할 수 있는 은사를 달라는 기도는 놓치고 하지 않았다. 꿈에 대한 해몽의 은사를 함께 받았다면 꿈을 꾼 이야기를 확신하고 강력한 어조로 표현하여 사고를 막았을 수도 있겠다 싶다. 꿈 해몽에 대한 기도를 했지만 어릴 때처럼 영혼이 맑지 않고 탁해서 인지 꿈에 대한 해몽은 아직도 확신이 없다. 지금도 그녀는 기도한다고 했다. 꿈을 통해 보여주시는 하나님께서 그 꿈을 해몽할 수 있는 능력도 주시라고.

한 장의 서류를 꿈속에서 보여주셨다. 정년퇴직 1년 전쯤의 일이다. 인건비 명세서였다. 관리자인 나도 모르는 사이에 뭔가가 잘못 집행되고 있었다. 잘못 지급된 수당항목을 확대해서 보여주셨다. 너무 소스라치게 놀라서 잠에서 깨고 말았다. 다시 잠이 들면 그 꿈속에서 보았던 내용을 잊을까봐 잠자는 동안 꿈을 잊지 않고 기억하기 위해 핸드폰 다이어리에도 적었고 기억하려고 노력했다. '출근 후 바로 서류를 확인할 것'이라고 주문처럼 수십 번을 외웠다.

담당직원이 출근하자마자 불러서 문제의 서류를 가져오게 했다. 그리고 봉급대장을 펼쳐 꿈속에 보여주셨던 내용을 살펴보았다. 정말 꿈속에 보았던 내용이 그대로 잘못 집행되고 있었다.

담당직원을 불러 물었다. 손가락으로 잘못 집행된 부분을 가리 켰다.

"이거 누구의 명령을 받고 집행했죠? 내게 보고하거나 결재요청한 일이 없었는데 무슨 근거로 집행했는지 근거 서류를 가져오세요."

"그전에 7급이면 **수당 지급하지 않았어요?"

"임의로 집행했다는 얘기네?"

"관행을 따랐어요."

"관행? 이건 법인에서 지급하는 수당이라 학교장이 요청하고, 이사장 결재를 받고 보직발령을 받아야 지급되어야 하는데 어떻게 임의로 집행을 해요. 모두 환수하세요."

"네."

그녀가 근무하는 곳은 아펜젤러선교사님이 설립한 미션스쿨로 다른 학교에는 없는 수당들이 있었다. 모든 사립학교들 보다 교직원의 복지나 학생들의 복지에 앞장서 나갔다. 1960년대부터 자부심을 가지고 근무하도록 갖가지 수당을 지급하여 P인으로서 긍지를 가지고 일할 수 있게 해 주었다.

잘못 지급된 수당을 회수하라는 얘기를 들었는지 차석이 찾아왔다.

"왜 수당을 회수하라고 하셨어요?"

"수당을 지급하려면 발령을 받아야 하고, 법인에 보고를 한 다음에 지급을 하는 거 아닌가요? 누구 마음대로 수당을 지급해요?"

"궁금한데요, 대체 누가 계장수당을 받는다고 일러바쳤어요?"

"누가? 하나님이 잘못지급 되고 있다고 서류를 보여주시면서 알려주시던데요?"

"농담하지 마시고 누구에요?"

차석은 전날 누군가가 그녀에게 수당지급에 대해 고자질하여 출근하자마자 확인한 것이라고 확신을 한 모양이다.

"뭔 소리야, 내 꿈속에서 하나님이 서류를 펼쳐놓고 다 보여주시던데 누가 일러 바쳤다는 겁니까? 내가 일하다가 잊어버릴까봐 오자마자 서류 보자고 한 겁니다."

"세상에, 무슨 하나님이 꿈속에서 어떻게 알고 서류를 보여줘요."

"그러게요, 체험해 보지 못한 사람은 절대 알 수 없지. 하나님이 나를 엄청 사랑하셔서 꿈으로 내게 다 보여주셔요."

퇴직 후 4년차에 일이 있어서 그녀가 사무실에 갔을 때 새로 바뀐 직원들이 많이 있었다. 고참 직원이 신규직원들을 소개해줬고, 신규직원에게 이렇게 소개했다.

"전 행정실장님이신데 얼마 전에 정년퇴직하셨어요. 무서운 분이셔요. 신통력이 있어서 하나님이 꿈으로 모든 걸 다 보여주시는 분이야."

체험해 보지 못한 사람은 절대 이해할 수 없는 일이다. 어떻게 하나님이 시시콜콜 모든 것을 다 보여주신다는 말인가. 하나님의 은혜가 아니고야 있을 수 없는 일이니까.

이른 아침에 아버지에게 전화가 왔다.

"언니가 내일 오전에 자궁 외 임신 수술을 받는단다. 위험한 수술이니 수술이 안전하게 잘 되고, 빠르게 회복되도록 모두 힘을 모아 기도하자."

"네. 기도할게요."

그날 밤 꿈속에서 언니를 보았다. 검은 드레스를 입고 그녀 곁을 스쳐 멀어져 갔다.

"왜 갑자기 검은 드레스를 입고 있어?"

" …… "

"근데 지금 어디가는거야?"

" …… "

"왜 말을 안 해?"

" …… "

검은 드레스를 입은 뒷모습을 보이며 광별 언니는 멀리 작아져 갔다.

근무하는 동안 수술이 잘 되었는지 궁금했다.

어젯밤 꿈이 거슬려 근무하는 중에도 계속 화살기도를 했다.

"하나님, 아무리 위험한 수술이라 할지라도 하나님이 함께 하시면 두려울 것이 없습니다. 수술이 순조롭게 진행되게 하시고, 성공적인 수술이 될 줄로 믿습니다. 보내주신 분도 하나님 아버지시요, 데려가시는 분도 하나님이신 줄 믿습니다. 너무 젊은 나이에 언니를 데려가신다면 하나님 손해에요. 앞으로 하나님 나라를 위해 할 일이 얼마나 많은데요. 침묵하며 검은 드레스를 입고 사라졌던 언니에게 제발 아무 일 없게 해 주세요. 집도하는 의사와 수술을 도울 스텝들의 손길을 주님이 붙잡아 주셔서 수술이 안전하고 성공적으로 진행되게 주님이 붙들어 주세요. 수술의 시작과 마치는 시간까지 모두 집중하여 실수하지 않도록 주님께서 지켜주세요."

퇴근 후 소식을 들었다.
광별이 언니는 수술 후 마취에서 깨어나지 못하다가 한참 만에 깨어났다고 했다. 이유는 마취제 과다주입으로 의식이 돌아오지 못한 것이다. 마취에서 깨어난 후에 알았다고 했다. 다리가 마음대로 움직이지 않는다는 것을. 한쪽 다리에 마비가 와서 자신의 의지와 상관없이 걸음을 걸을 때 마다 다리가 땅에 질질 끌렸다.
"오랜 시간 수술을 했다고 했는데 의료진에 의해 다리의 신경이 눌렸는지 오른쪽 다리가 무감각하고 다리가 들리지 않는다."고 병실로 돌아온 광별이 언니가 말하였다. 시간이 지나면 회복이 되리라 생각했는데 정상으로 돌아오지 않았다. 수술 후 병원에서는 의료사고가 아니라고 부인을 했다. 방송국에 근무하고 있던 광별 언니의 남편이 여러 정황을 말하자 결국 의료사고를 인정하였고, 다리 신경이 돌아 올 때까지 입원치료를 해 줄 것을 약속받았다. 가족과 광별이 언니가 섬기는 교회의 성도들을 비롯한 많은 분들의 뜨겁고 끊임없는 기도가 하나님의 마음을 움직였고, 정상으로 회복되는 지름길이 되었다. 1개월 동안 병원에 입원한 상태로 물리치료를 받아서 거의 정상으로 퇴원할 수 있었다.

벼리 아버지의 강력한 기도요청으로 형제자매가 아버지의 아버지요, 우리들의 전능하신 하나님 아버지께 합심하여 기도한 결과 광별 언니가 다시 살아 온 것이라고 믿는다. 꿈속에 보인 광별 언니의 모습을 보았을 때 느낌은 그녀가 묻는 말에도 아무런 반응을 보이지 않았고, 검은 드레스를 입고 벼리 곁을 떠나 자신의 갈 길만 가는 것은 이 땅을 떠난다는 것으로 보였다. 벼리가 SOS를 칠 때마다 광별 언니가 벼리 곁에 있었다. 벼리도 광별 언니를 위해 할수 있는 간절한 기도의 힘으로 언니를 살릴 수 있었음에 감사했다. 꿈을 통해 미리 보여주시고 기도를 통해 피할 길을 열어주신 하나님께 감사드린다고 했다.

유난히 밤의 길이가 길어지는 겨울이면 모두 한 방에 모여 풀빵을 사다 놓고 하나씩 나눠 먹거나, 고구마를 쪄서 함께 나눠 먹기도 했다. 김치볶음밥을 먹는 날이면 갈증이 났다. 그런 날이면 땅속에 묻어 놓은 무를 꺼내 과일처럼 잘라 먹기도 했다. 겨울 무의 맛은 가슴속까지 시원하고 달달한 맛을 느끼게 해 야식으로 각광을 받았다. 야식을 먹으며 도란도란 이야기를 나눴다. 커다란 솜이불 하나가 방 가운데 펼쳐져 있고, 사각의 이불속에 발을 넣고 둘러앉아서 하루의 일과를 나누었다. 때론 모두 누워서 이불을 덮고 잠들기까지 이야기를 나눴다. 여름이면 마당에 멍석을 깔아 놓고, 쑥으로 모깃불을 피워놓고 보석처럼 빼곡히 박힌 밤하늘의 별을 보며 가장 밝고 아름답게 빛나는 별을 가리키며 자신의 별이라고 주장했다. 별빛을 보며 이야기꽃이 피면 반딧불이 날아와서 자신의 빛도 별빛 못지않게 예쁘다고 자랑하며 엉덩이를 애써 씰룩거렸다.

"하늘의 별들을 봐라."

성냥을 가지고 불을 붙이지도 않아도, 연료를 넣지 않아도, 스스로 밝게 빛나고 있는 별빛에 매료되어 누군가 말을 했다.

"저쪽에 북두칠성이 보여."

"하늘에 셀 수 없이 많은 별들을 보면 너희들은 어떤 생각을 해?" 아버지가 묻자 제일 어린 막내 동생 진별이 질문을 했다

"아빠, 검은 하늘에 하나님이 구멍을 뚫어 놓아서 천국 빛이 저렇게 새어 나오는 거지?"

막내 동생 진별은 늘 기발하고 엉뚱 발랄한 생각을 해 냈다.

"가끔 별똥별이 하늘에서 떨어지는데 저 별들은 어떻게 저 높은 하늘에서 떨어지고 하늘에 계속 떠 있는지 궁금해요."

큰 남동생 세별의 말이 끝나자 벼리는 아버지 질문에 대답했다.

"아부지, 저는 별들을 보면 아브라함이 생각나요."

"저는 약속이 생각나요." 셋째 광별이 언니의 대답이었다.

"맞아, 내가 기다렸던 대답들이야."

"벼리는 왜 아브라함이 생각날까?"

"아브라함과 사라가 나이가 들어서 아이를 낳을 수 없는데 하나님이 말씀하셨잖아요."

"뭐라고 말씀하셨는데?"

"하늘의 별처럼, 바다의 모래알처럼 셀 수 없이 많은 자손을 주시겠다고 했어요."

"맞아. 그래서 아브라함이 생각났구나."

아버지는 셋째 광별이 언니에게 질문했다.

"광별이는 왜 별을 보고 약속이 생각났을까?"

"하나님이 아브라함에게 하늘의 별처럼 자손을 번성하게 해 주신다는 약속을 하셨고, 그 약속을 지키셨어요. 그래서 별을 보면서 하나님이 아브라함에게 하신 약속이 생각났어요."

"그래, 우리 아들들은 상상력이 풍부하고, 딸들은 성경말씀을 잘 듣고 기억했구나. 아주 똑똑하구나."

아버지는 계속 이야기를 이어가셨다.

"하나님이 모세에게 십계명을 주셨지? 십계명을 요약하면 사랑이란다. 첫째 계명은 나 이외에 다른 신을 섬기지 말라 고 하시니 그것은 하나님을 사랑하라는 계명이야. 그리고 두 번째 계명은 네 이웃을 네 몸과 같이 사랑하라는 계명이야. 결국 십계명은 하나님을 사랑하고, 이웃을 사랑하라는 계명이란다."

자녀들에게 십계명에 대해 이야기 해 주면서 사랑에 대한 화두를 꺼냈다.

"하나님이 우리에게 서로 사랑하라고 말씀하셨는데 하나님을 사랑하고 이웃을 사랑하라는 말씀은 가족은 물론이려니와 이웃까지도 사랑하라고 하신 말씀이란다."

"어떻게 사랑해요?"

"우리 7남매는 아낌없이 서로 사랑하고, 도와주고, 격려해주면서 하나님 말씀을 실천하는 사람이 되어야 한단다. 부모님이 없는 곳에서는 서열상 위인 언니나 누나, 또는 형이 동생을 부모님이 돌보고 사랑하는 것처럼 동생을 보호해 주고 사랑해 줘야 하는 거야. 동생들은 언니, 누나, 형이 하는 말은 엄마와 아버지를 대신해서 하는 말이라고 생각하고 잘 따라야 한단다. 모두 할 수 있겠지?"

"아빠가 없을 때는 형이 아빠처럼 나를 보호해 주는 거야?"

"물론이지. 그러니 형을 존중하고 잘 따라야 하는 거야."

"히히히 … 아빠가 없는 곳에서는 형이 아빠래."

"예수 믿는 사람들은 어느 곳에 있든지 그리스도의 향기를 풍겨야 해. 남들에게 모범이 되어 본보기가 되어야 해. 그것이 하나님을 영화롭게 하는 것이란다. 우리 행동 하나 하나가 믿지 않는 사람들에게는 전도지가 된다는 것을 잊지 말도록 해. 하나님은 물론이고 모든 사람들이 항상 지켜보고 있다는 것을 명심해야 한단다."

칠남매는 일찍이 엄마와 아버지로부터 서로 사랑하라는 교육을 받아서 몸에 체득되어 행동으로 실천하려고 노력했다. 그날도 보따리장수 아주머니가 옷 보따리를 머리에 이고 집집마다 돌아다니며 옷을 팔러 왔다. 돈이 없는 집에서는 현금대신 곡식으로 옷값을 받으며 옷을 판매하였다. 아주머니의 보따리 무게는 옷의 무게와 곡식의 무게로 장정이 지게에 지고도 넘어질 만한 무게였다. 그런 거대한 보따리를 머리에 이고 20리 길의 집으로 가기에는 무리가 있었다. 땅거미가 지고 어둠이 내려앉으면 할머니는 할머니 방에서 함께 잠을 잘 수 있도록 이부자리를 깔고 보따리 아주머니가 편히 자고 갈 수 있도록 재워주셨다.

어김없이 그녀 집에도 옷을 팔러 와서 옷을 펼쳐 놓으면 형제자매들은 색상이나 디자인을 보면서 각자 맘에 드는 옷을 하나씩 들고

"엄마, 이 옷 예쁘네. 영별이 동생 사줘."

"네가 입고 싶은 거 아냐?"

"아냐, 동생이 입으면 예쁘겠어. 난 안 사줘도 돼."

"우리 딸 아주 착하구나."

"엄마, 이건 혜별 언니 사줘."

"엄마, 이거 형 사줘."

서로 자신의 옷은 필요 없다고 하지만 아마도 엄마, 아버지의 호주머니 사정을 고려했으리라. 칠남매들 마음속으로는 약간이라도 자신들도 입고 싶은 옷이 있었을 수도 있었을 것이다. 하지만 언제나 언니나 동생, 형이나 누나를 사 주라고 했다. 벼리 그녀는 진정으로 자신의 옷을 바라지 않았다. 동생이나 언니의 옷을 사주기를 바랐다. 서로 양보하는 것을 보고 보따리장수 아주머니는 매번 감탄했다.

"어쩜 애기들이 이렇게 착해요? 다른 집에 가면 서로 자기 옷을 사달라고 떼를 쓰는데 이집 아이들은 특별하네요. 어쩜 이렇게 우애가 좋대요?"

보따리아주머니의 옷 구경을 온 선화 엄마도 한마디 거들었다.

"인별이네 애들은 특별해요. 어찌나 우애가 좋은지 서로 아껴주고, 양보하는 모습이 남들에게 모범이 된다니까. 장로님에게 가정교육을 잘 받아서 효심도 가득하고, 서로 배려하는 모습이 너무 보

기 좋아요."

　마을의 자녀교육에 대한 모범사례는 언제나 인별이네 아이들이 화두로 거론되었다.

　그녀의 마을에서 교회와 학교는 모두 4km의 거리에 위치해 있었다. 방학을 제외하고 그녀의 다섯 자매는 매일 십리 길을 걸어서 학교와 교회에 갔다. 초등학교부터 고등학교까지 12년 동안 왕복 8km를 걸었던 것이다. 초등학교 통학로는 굽이굽이 산을 넘고 개울 건너서, 논두렁을 끼고, 밭둑을 지나 하굣길에는 이삭줍기처럼 무밭에 뽑고 남은 무를 뽑아 먹으며 하굣길의 출출함을 달랬다. 논길을 걸을 때면 날아다니는 메뚜기와 친구하고, 황금들판에 새들을 쫓아가며 등하교를 했다. 중등학교인 여자중학교와 여자고등학교의 통학로는 초등학교와는 방향이 다르지만 새마을운동으로 신작로가 된 넓은 도로를 활기차게 걸으며 등하교를 했다. 왕복 이십 리의 거리를 걷는 동안 다리의 근육이 차곡차곡 적립되어 60세가 넘은 나이에도 벼리는 탄탄한 근육 부자로 살고 있다고 했다.

　초등학교 2학년 여름방학을 할 무렵의 일이다. 수업을 마치고 청소당번인 친구 명순이네 교실 복도 끝에 앉아서 명순이를 기다리다 자신도 모르는 사이에 의식을 잃고 말았다. 머리가 아파 오며 정신이 들어 눈을 떠 보니 스스로 걸어가지도 않은, 낯선 보건실에 그녀가 누워 있었다. 교무실 뒤쪽에 연못이 있고 연못을 지나 맞은편에 위치한 보건실은 침대 하나 들어가는 보잘 것 없는 시설이었다. 그때는 보건교사가 배치되어 있지 않았다. 의식이 들어 눈을 뜬 보건실에는 침대 하나가 놓여 있었고, 그곳에 반듯한 자세로 그녀가 누워 있었다. 어떻게 보건실로 옮겨졌는지 듣지도, 묻지 못했다. 간단한 소화제 정도의 약품을 구비해 놓고, 예쁘장한 소사 언니가 관리를 하고 있었다. 가난한 학생들에게 급식으로 지급할 빵을 구워내는 곳 옆의 구석진 곳에 위치해 있는 보건실은 환자가 발생하면 잠시 누워서 안정을 찾게 하는 곳이라는 것을 그때 처음 알았다. 어찌 알았는지 의식을 찾았을 때 4학년인 광별이 언니가 보건실 침대 옆에서 그녀 곁을 지키고 있었다. 창백한 얼굴에 의식이 돌아오자 언니는 집으로 갈 준비를 하였다. 자그마한 등에 벼리를 업고 집으로 향했다. 교문 앞 문방구 앞을 지나다가 잠시 멈추었다.

"뭐 먹고 싶은 것 있어?" 어른처럼 초등학교 4학년인 광별이 언니가 환자인 벼리에게 먹고 싶은 것이 있냐고 물었다.

"……" 아무런 대답도 하지 않았다. 속으로만 (초등학교 4학년이 무슨 돈이 있어서 내게 먹고 싶은 것이 있냐고 물어? 라고 생각했다.) 물었지 입 밖으로는 뱉지 못하고 미루나무처럼 길게 궁금증이 커져갔다.

"먹고 싶은 것이 있으면 집어봐. 내가 사줄게."

"먹고 싶은 거 없어."

입이 써서 그랬는지 언니의 호주머니 사정을 염려한 것인지 벼리는 아무것도 먹고 싶지 않았다. 절호의 찬스를 패스하고 말았다. 그런데도 광별이 언니는 사탕을 사서 입에 넣어주었다.

광별이 언니 등에 업혀 학교에서 집의 중간쯤인 행경 날맹이 쯤 왔을 때 원두막에서 쉬던 어른들이 원두막 앞을 땀을 뻘뻘 흘리며 벼리를 업고 가는 광별 언니를 불러 세웠다. 그리고 원두막에서 쉬었다 가라고 붙잡았다. 잠시 쉬는 동안 어른들은 더운 날씨에 왜 아이를 업고 가는지 영문을 몰라 물었다.

"이렇게 더운 날 뭔 일이랴. 왜 애기도 아닌 커다란 야를 업고 가는 거여?"

"동생이 아파서 업고 가요."라고 말하자

"쯧쯧쯧 … "

어른들은 아픈 벼리를 보고 혀를 차는지, 잔등에 업고 가는 광별 언니가 힘들어 보여서인지, 어린 체구로 동생을 업고 가는 광별이와 업혀가는 벼리 두 사람이 가엾게 느껴져서 인지 모르게 혀를 찼다.

"이렇게 더운 날 고생이 많구먼. 넌 참 인정도 많구나. 뉘 집 애들인지 우애가 좋구먼. 여기 참외 하나 먹고, 시원한 미숫가루 한 사발 마시고 땀 좀 식히고 가거라."

"고맙습니다."

"뉘 집 딸인지 교육도 잘 받았구먼."

어른들은 광별이 언니를 향해 칭찬의 문장을 쏟아내기 대회라도 하는 듯 입에 침이 말랐다. 원두막에서 잠시 쉬었다가 광별 언니는 다시 작은 등에 벼리를 업고 집에까지 갔다. 지금도 벼리가 자신 스스로에게 풀지 못한 물음표 하나가 크게 남아 있다. 광별이 언니에게 왜 스스로 걸어서 가겠다는 말을 한마디도 하지 않았는지 큰 의문이 든다. 벼리의 체격이 아무리 작아도 두 살 어린 동생을 학교에서 집에까지 업고 가는 것은 무리였다. 새털같이 가벼운 체중이라 해도 십리 길을 업고 걷는다는 것은 군인이 완전군장을 하고 행군하는 일보다 더 힘들었을 것이다. 그때 광별이 언니가 얼마나 힘

이 들었을까? 라는 생각을 하면서도

"아픈데 내 등에 업혀라"는 말에 한마디 거절의 의사를 표현하지 못하고 순순히 응했다고 했다. 벼리 아버지는

"광별이는 고추만 없지 성격이 시원시원하고, 사내처럼 스케일이 크고 대범해서 아들 같은 딸이다."는 말을 자주 들었다. 위기 상황에서는 아무도 흉내 낼 수 없을 만큼 순발력 있게 기질을 발휘하는 광별 언니. 심연에서 우러나오는 순도 100%의 가족에 대한 사랑에 늘 감탄한다고 했다.

상체만한 책가방을 들고 중학교에 등교하는 벼리를 보고 어른들이 한마디씩 던졌다.

"책가방이 벼리보다 더 커서 가방이 벼리를 끌고 가는 것 같구나."라고 하였다. 그래서인지 중학교 1학년을 마칠 때까지 중학교 3학년인 언니가 책가방을 양손에 들고 등교했다. 빈손임에도 불구하고 가방을 두 개나 들고 가는 언니 걸음을 따라가느라 거의 달음질 하다시피 했다. 그녀는 광별 언니에게 받은 사랑을 부모님이 자녀에게 베풀 듯 당연한 것으로 받아 들였다. 아마도 언니로서 동생에게 당연히 베풀어야 하는 사랑이라고 생각했거나, 벼리 자신이 들고 가겠다고 했어도 낑낑거리며 가방에 끌려가는 동생을 참지 못한 것이었으리라. 벼리는 철이든 후에야 광별이 언니가 얼마나 큰 사랑을 쏟았는지 깨닫게 되었다. 초등학교 2학년 때 의식을 잃은 것은 허약체질의 전조증상이 나타나기 시작한 증거였다.

중학교와 고등학교는 동일 구내에 있었다. 고등학교의 운동장에서 여중과 여고가 연합으로 조회를 했다. 운동장 조회는 왜 그렇

게 길어야 하는지 알 수 없었다. 뙤약볕에서 운동장 조회를 하는 시간은 총 1시간을 넘겼다. 교장선생님의 훈화가 거의 1시간을 차지했으니 기초체력이 약한 그녀에게 운동장조회는 "견디다 못해 쓰러지기"였다. 중학교에 입학하자 학번을 신장 순서로 정했고, 신장이 작은 그녀는 2, 3, 4번을 고루 차지했다. 그래서 운동장 조회 때 맨 앞줄에 섰다. 교장선생님의 길고 긴 훈화는 견딜 수 없는 고문이었다. 훈화가 시작된 지 30분쯤 지나면 눈앞이 캄캄해 온다. 눈앞이 암흑으로 덮이면 중심을 잃고 흔들거린다. 자리에 앉고 싶지만 맨 앞줄에서 서있으니 앉을 수가 없었다고 했다. 몸이 앞뒤로 흔들거리다 필름이 끊긴다고 하였다. 보통은 보건실에서 한숨 자고 난 다음 호두알이 스스로 껍질을 벗는 듯 심한 두통을 느끼며 의식이 돌아왔다. 정신이 빨리 드는 날이면 커다란 등에 업혀서 계단으로 오르는 느낌 때문에 깨어났다. 하지만 잠자코 선생님 등에 업혀 보건실까지 들어가 발을 높이 올려 눕히는 대로 누워 있었다. 선생님 등에 업혀 계단을 오를 즈음 교장선생님의 훈화가 희미하게 들려왔다.

"저렇게 정신력이 약해서 쓰러지고, 선생님 등에 업혀가지 말고, 힘든 사람은 제자리 앉아."라는 소리가 가끔씩 들려왔다. 그럴 때 마다 연세 드신 김의식 교장선생님께 속으로 외친다.

"교장선생님, 저도 맨 앞에서 매주 쓰러지는 거 부끄러워요. 훈화를 짧게 하시거나, 운동장 조회를 하지 않으면 안 쓰러질 수 있어요." 운동장 조회 때 쓰러져도 열외는 없었다. 전교생이 운동장에 나와서 정렬을 해야 했다. 열외가 없는 이유는 아마도 운동장 조회 때 불시에 학생부 선생님들의 기습적인 책가방 검사가 있기 때문이다. 책가방 속에서 학생들이 볼 수 없는 이상한 소설이나, 학생이 지니면 안되는 소지품이나 물건이 있으면 그것을 모두 수거해갔다.

머릿속에 번개 치듯 길고 뾰족하게 쪼개지는 듯한 두통을 겪으면서 의식이 돌아오면 언제나 중학교 3학년인 광별 언니가 근심스런 얼굴로 그녀를 내려다보고 있었다.

"정신이 들어? 이젠 괜찮아?"

"응."

"오늘 이상진 선생님이 널 업고 보건실로 오셨어."

"……"

"수업 들어갈 수 있겠어?"

"응."

"계단 위로 업혀 가는 학생이 꼭 너 같더니 …… 이상진 선생님이 수업에 들어오셔서 운동장 조회 때 네 동생이 쓰러졌으니 어서 보건실에 가보라고 하더라."

그녀는 OO여중 1학년 2반 2번이었다. 그녀를 극도로 좋아하고 따라다니는 친구를 1번 자리에 세우고 벼리가 2번을 했다. 이상진 선생님은 1학년 1반 담임 선생님이었다. 언니가 중학교 1학년 때 언니 반 담임 선생님이었다고 했다. 광별이 언니는 공부도 잘 하고 활발하고 모든 면에 모범생인지라 선생님은 바로 언니에게 동생의 안부를 전하였던 것이다. 그 후로도 운동장조회만 하면 빠짐없이 쓰러졌다.

"이제 정신이 들어?"

"응."

"오늘 누가 널 업고 보건실에 왔는지 알아?"

"몰라."

"오늘 너를 여기까지 업고 온 선생님은 육중한 몸으로 힘들게 오신 너희 담임 홍성덕 선생님이야."

운동장 조회 때 쓰러진 그녀에게 광별 언니는 매번 보건실로 업고 오신 선생님이 누구인지 알려주었다. 저렇게까지 친절을 베푸는 이유가 무엇일까? 그녀는 누가 자신을 업고 왔는지는 하나도 궁금하지 않았다. 그녀에게 중요한 것은 대체 왜 운동장 조회를 한 시간씩 하는지, 그리고 자신은 왜 매번 맨 앞줄에서 버티다 쓰러져야 하는지, 심리적으로 복잡한 그녀에게 보건실로 옮겨준 선생님이 누구인지 궁금하지 않았다. 다만 광별 언니는 왜 매번 업고 보건실로 옮겨준 선생님이 누구인지 알려 주는지 알 수 없었다. 어느 날 광별 언니가 말했다.

"벼리야, 선생님께 감사하다고 인사는 했냐?"

"아니."

"인사해야 해."

그녀는 자신이 쓰러졌을 때 선생님들이 업어서 옮겨주는 것은 당연한 일로 알았고, 오히려 조회시간을 줄여주지 않고, 운동장조회에서 열외 시켜주지 않는 학교 측에 원망이 쌓여 있었던 것 같았다.

철이 들었을 때 비로소 운동장에서부터 20개 이상 되는 계단을 축 늘어진 사람을 업고 올라가는 것이 얼마나 힘겨운 일인지 알았다. 학교를 졸업하고 나서야 계단을 업고 올라가 보건실로 옮겨 주신 이상진 선생님과 홍성덕 선생님의 고마움을 알 수 있었다.

광별이 언니는 선생님께 감사인사를 하라고 매번 알려준 것인데 그 깊은 뜻을 알 길이 없는 그녀는 마음속에서 궁금증만 증폭되었다고 했다. 궁금하지도 않은 일을 왜 저토록 친절하게 보고를 할까?

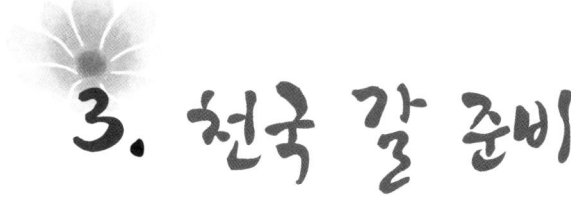
3. 천국 갈 준비

"벼리야, 너 이제 슬슬 천국 갈 준비 해."
"응? 지금 뭐라고 했어?"
"천국 갈 준비 하라고."
"무슨 소리야?"
"네 나이가 몇이야?"
"나, 이제 육십 대 중반."
"그러니까 슬슬 준비하라고."
"언니, 지금 뭔 소리를 하는 거야."
"세상 것은 그만 바라보고 천국 갈 준비를 해. 하나님이 언제 데려가실지 모르니까 깨어 있으라고. 천국에 가서 하나님 앞에서 부끄럽지 않게 미리 준비해."

"언니, 내가 30세 때 '하나님, 저 60세까지만 살게 해 주세요'라고 기도했으니까 떠날 준비를 하라는 거야?"

"꼭 그래서가 아니고."

"언니는 무슨 그런 말을 해. 언닌 벌써 천국 갈 준비 끝난 거야? 난 아직 아냐."

"그 때는 아무도 몰라. 오늘 밤이 될지 내일이 될지."

"어휴, 나도 알아. 아버지가 매일을 세상 마지막 날처럼 살라고 하셨잖아. 언제 부르실지 모르니 준비하며 살라고." 다소 짜증 섞인 소리로 받아쳤다.

"네가 잊고 사는 것 같아서 그래. 헛된 것을 구하지 말고, 영적으로 깨어 있어라."

"언니, 그거 알아? 보험사에서는 인간 수명을 130세까지 보고 보험설계를 한대. 내 나이 130세의 절반도 안됐잖아. 언니 자꾸 그런 말 하지 마. 언니가 그런 말 하면 서글퍼져."

"듣기 싫어도 언젠가는 다 내려놓고 떠나야 한다는 건 변함없는 사실이야. 천국에 가서 만나면 되지 뭐가 서글퍼?"

그녀는 이 땅에서 형제자매와 이별하는 것이 너무 슬프고 가슴 아픈 일이었던 것이다. 가끔 젊은 나이에 세상을 떠나는 친구나 주변 사람들을 떠나보내며 아파하는 고인의 남아 있는 유족들을 보았기 때문이다. 형제자매에게는 상상하기조차 싫은 일이라고 했다. 가끔은 혼자서 생각하기를 벼리가 먼저 세상을 떠난다고 생각해 본 일도 있었다. 서른 살 때 일이다. 불규칙한 출혈이 있어서 동네 산부인과에 갔다. 의사 선생님이 소견서를 써 주면서 원자력병원에 가서 검사를 해보라고 했다. 그녀가 원자력병원에 가서 처음 진료를 받고 났을 때 담당 의사 선생님은 "다음에 오실 때는 보호자를 데리고 오세요."라고 했다. 1980년대 원자력병원은 암 전문병원이었다. 보호자를 데리고 함께 오라고 하는 것은 중대한 일이 있을 수 있다는 것을 암시하는 말이었다. 그녀에게 무언가 심상치 않은 일이 일어났음을 직감했다. 담당의사는 차기진료 예약을 하고 집으로 돌아가라면서 다시 한 번 강조했다.

"다음에 오실 때는 보호자와 꼭 함께 오셔야 합니다."
"네." 이해할 수 없지만 얼떨결에 대답을 했다.

아지랑이가 피어오르듯 눈앞이 아른거리고 현기증이 일었다. 보호자를 동반하라는 충격적인 말에 들릴 듯 말 듯 간신히 기어들어가는 소리로 대답을 했다. 그녀에게 청천벽력 같은 사망선고가 방금 내려진 것 같았다. 차기 진료 예약을 하려고 다니는 동안 얼굴은 온통 눈물과 콧물로 젖어있었다. 모든 사람의 시선이 자신에게 쏠려 있다는 사실도, 소리를 내어 울고 다니는 자신의 모습도 아랑곳하지 않았다. 죽음을 생각하니 남들 시선을 신경 쓸 겨를도, 창피함을 느낄 여유도 모르고 소리 내어 울고 다니는 자신을 발견했다. 스쳐 지나는 사람마다 몸을 돌려 다시 그녀를 돌아보고 갔다. 병원 바닥에 누워있는 환자와 근심어린 환자 가족들이 눈에 들어왔다. 그 모습을 보니 감정이입이 되어 더 눈물이 쏟아졌다. 모든 사람이 그녀를 보고 혀를 차는 것 같았다. "에고, 울고 다니는 걸 보니 젊디젊은 사람이 암에 걸렸나보네." "불쌍해라." 그도 그럴 것이 아직 꽃봉오리 같이 젊은 여자가 왜 울지? 혹시 본인이 암? 측은한 생각에 뒤돌아보았을 것이다. 그녀는 결혼 3년차인 신혼이다. 가족은 남편과 딸 하나를 두고 있었다. 자신이 죽으면 아무 소용도 없는 것을 그녀는 걱정하고 있다. 자신이 죽게 된 이 시점에 남편이 홀아버지가 되고, 자신이 하늘나라에 간 다음 슬퍼하고 있을 가족들의 얼굴을 떠올렸다. 엄마, 아버지의 슬퍼하는 모습을 떠올리니 폭풍 같은 오열이 시작되었다. 부모님께는 걱정을 끼칠까봐 비밀로 하여 원자력병원에서 진료 받는 사실 조차도 모르고 있었다. 그리고 가장 가슴 아픈 것은 세 살밖에 되지 않은 아이가 엄마 없이 할머니 손에 자라거나 또는 계모 아래서 자란다고 생각하니 눈물보가 터진 것처럼 주체할 수 없이 눈물이 줄줄 흘러 내렸다. 눈물을 흘리면서 그녀 자신의 인생을 돌아보았다. 태어나서 고작 30년밖에 살지 못했다. 지금까지 그녀의 인생은 사생활도 접고 온전히 하나님과 동행하는 삶이었다. 그런데 벌써 하나님이 데려가신다고 생각하니 천국에 가는 것 보다 가족과의 이별이 더 가슴 아리게 아파왔다.

"아버지, 제가 서른 살 밖에 되지 않았는데 벌써 저를 데려가시려고요?"

" .... "

"너무 잔인하신 거 아니에요?"

" .... "

"제 삶이 힘겹게 느껴져서 데려가시려고요?"

" .... "

"아니면 저를 천국에 거하게 하며 당신 곁에 두고 보시려고요?"

" .... "

"혹시, 제가 죄를 많이 지어서 빨리 데려가시려 하세요?"

"네 마음대로 생각하는구나."

"저를 육신의 아버지에게 태어나게 하신 분도 하나님 아버지, 천국으로 데려가실 분도 하나님 아버지, 데려가시려면 데려가세요. 그런데 하나님, 그거 아세요?"

"뭘?"

"저를 지금 데려가시면 하나님 손해라는 거요."

"왜?"

"앞으로 하나님을 위해서 제가 할 일이 얼마나 많은지 당신도 아시잖아요?"

"뭘 할 건데?"

"하나님, 당신이 이미 제 삶을 디자인 해 놓으셨잖아요."

"그렇지."

"아버지가 디자인 해 놓은 제 인생은 여기까지 인가요?"

"글쎄. 왜 그런 생각을 하는지 모르겠구나."

"지금 상황이 그렇잖아요."

"너무 성급한 생각 아냐?"

"제가 아버지께 늘 기도했잖아요. 제게 건강 주시는 날까지 주님 영광을 위해 일하겠다고요."

"그래, 맞아, 그랬지."

"제가 지금 아기를 낳고 기르느라 교회학교 교사를 잠시 쉬고 있지만 곧 할 거고요, 찬양을 좋아하니 성가대도 할 거고요, 하나님을 모르는 사람들 영혼구원도 할거고요, 하나님 아버지께 영광을 돌리는 삶을 살아갈 건데 …… "

"그래서?"

"저를 지금 데려 가시면 하나님 손해라는 걸 아시라고요."

"지금 날 협박하니?"

"협박은 아니고요...."

"무슨 말이 하고 싶은 거야?"

"주님, 저를 30세에 데려가시면 제 인생이 너무 짧아요. 60세까지만 살면 안 될까요?"

"왜 60살이야?"

"60살이면 우리 딸이 대학을 졸업해서 취업을 하고 자기 앞가림은 할 것 같아요."

"60살이면 후회 없겠어?"

"네. 지금까지 살아온 세월만큼, 앞으로 30년은 더 살 수 있잖아요."

얼룩진 얼굴로 병원 문을 나서며 한참 동안을 하나님에게 떼를 쓰며 씨름을 했다.

병원에서 집으로 돌아가는 길에 다시 골몰하기 시작했다. 보호자로 누굴 데리고 갈 것인가를 먼저 고민하기 시작했다. 이 사실을 남편에게 알리면 너무 놀랄 것이고, 남편은 직장일로 바쁠 것 같으니 주부인 인별 언니에게 보호자로 동행해 줄 것을 요청하기로 했다. 큰언니에게 보호자로 동행해 달라는 요청을 하자 언니는 보호자로 따라가긴 할 것이지만 남편에게도 '병원에서 보호자와 동행해야 한다더라'라는 말을 해야 한다고 그녀에게 일렀다. 알았다고 대답하자 인별 언니는

"보호자는 왜 동행하라고 해?" 라고 물었다.

"무슨 일인지 모르겠지만 다음 진료 시에는 보호자를 꼭 데리고 와야 한다고 했어." 라고 그녀가 대답했다. 인별이 언니는 걱정스런 표정으로 함께 동행해주겠다고 약속을 했다.

그녀는 이른 새벽부터 서둘러 집을 나섰다. 오늘은 병원예약이 되어 보호자인 인별 언니와 함께 병원에 가는 날인지라 약속장소로 더 일찍 서둘러 나갔다. 그녀의 직장에는 병원 진료가 있어서 병원 진료 후에 출근하겠다고 허락을 받은 터였다. 지하철과 버스를 갈아타며 대중교통을 이용하여 병원에 도착하였다. 떨리는 마음으로 순서를 기다리니 간호사가 이름을 불렀다. 간호사는 보호자는 자리에 앉아 있고 환자만 자기를 따라오라고 했다. 분명 보호자와 함께 내원하라고 했는데 보호자는 환자와 함께 진료실에 따라 들어가지 못했다. 보호자 또한 초조하게 진료실 밖에서 기다리고 있을 뿐이었다. 진료실에 들어서자 수술실처럼 생긴 곳으로 들어가라고 했다. 처음 보는 낯선 장소는 예리한 칼날만큼이나 차갑고 싸늘하게 그녀를 노려보는 것 같았다. 두리번거리며 엉거주춤 하는 사이 수술대 같은 침대 위에 누워 있으라는 차분하고 부드러운 듯 지시가 내려졌다. 침대에 눕자 이내 수술대 위의 조명이 활짝 켜지고 달그락 거리는 소리가 들렸다. 두려움이 밀려와 침대에 눕자마자 눈을 질끈 감고 귀로만 수술실의 사방과 구석구석을 살피고 있었다.

"자, 배에 힘을 빼고 편안히 누워 계세요."

"네."

"이제 조직검사를 할겁니다. 조금 아플 겁니다."

"많이 아파요?"

"견딜 만큼 아플 겁니다."

말이 끝나기가 무섭게 내진이 시작되었다. 그녀는 자신이 조직 검사를 받는다는 것을 방금 알았다. 무엇인가 예리한 것으로 생 살점을 뜯어내는 느낌이 들었다. 견딜 수 없는 통증에 신음소리를 냈지만 그 후로는 아무런 소리도 내지 않았다. 그녀는 조직검사를 하고 있는 수술실의 현장을 빠져나가 그 시간 낯선 곳을 헤매고 있었다. 온 몸에서 힘이 빠져 나갔고, 정신이 몽롱하고, 아득히 멀어지기 시작했다.

눈을 뜨니 깊고 깊은, 어둡고 어두운 땅 아래로 한없이 빨려 내려갔다. 다리에 힘을 주고 멈춰보려 했지만 멈춰지지 않았다. 칠흑 같은 밤이었다. 아무리 눈을 뜨고 사방을 둘러보아도 빛이라고는 바늘구멍만한 점도 보이지 않았다. 사방이 암흑으로 뒤덮여 있고, 까맣고 또 까맣게 어두워 아무것도 분간할 수 없었다. 한참을 암흑 속에서 더듬으며 두리번거리는데 눈앞에 희미하게 보이는 것 하나가 있었다. 서커스에서나 볼 수 있는 외줄 하나가 그녀가 서 있는 쪽에서 끝이 보지 않는 저 끝까지 연결되어 있는 것 같았다. 그녀가 눈을 돌려 발아래를 내려다보았다. 끝이 보이지 않는 아득한 절벽이었다. 정신 줄을 놓아 외줄에서 떨어진다면 아마도 떨어지는 저곳이 지옥일 것 같았다. 절대로 지옥에 떨어져 죽을 수는 없었다. 그때 그녀 앞에 놓인 외발자전거를 발견했다. 손잡이도 없고 외발 위에 안장과 페달만 달린 자전거였다. 누가 이야기해 주지 않았음에도 그녀는 외발자전거를 타고 외줄을 건너야 하는 미션이 그녀에게 주어졌다는 것을 알았다.

"하나님 아버지, 외발자전거를 주신 분이 당신이시죠? 제가 저 외발자전거를 타고 외줄을 건너가면 살 수 있는 밝은 빛으로 인도하실 거죠? 제가 정신을 똑바로 차리고 집중하여 저 외줄을 건널 수 있게 해 주세요. 여기서 떨어지면 저 아래는 지옥에 가는 길이라는 것을 알 수 있을 것 같아요. 먼저 저의 죄를 회개합니다. 그동안 제가 지은 모든 죄를 예수님의 보혈로 깨끗이 씻겨 주세요. 주님이 살려 주실 것이라는 확실한 믿음이 있지만 혹여 이 자리에서 죽는다 할지라도 저기 검은 지옥에 떨어지지 않게 보호하셔서 저를 천국 문에 이르게 해주세요. 저의 가족과 저를 기억하는 모든 사람들을 위로해 주시고, 천국에서 만날 소망을 갖고 살아가게 해 주세요."라고 기도하고 건널 준비를 하고 있는데 갑자기 시골에 계신 아버지의 음성이 마음속에 들려왔다.

"벼리야, 지금 무얼 염려하는 거야? 네 앞에 생명의 줄 동아줄이 놓여 있잖아. 줄을 놓아 주셨다는 것은 하나님이 너를 살리시겠다는 뜻이야. 하나님이 너를 안고 그 줄을 건너실거야. 그러니 하나님이 지켜 주신다는 확신을 가지고 그 외줄을 건너라."

"아버지, 제가 여기에 와 있는 것을 어떻게 아셨어요? 엄마랑 아버지가 걱정하실까봐 알리지 않고 병원에 왔는데 … 저도 아버지가 말씀하시는 것처럼 생각하고 기도했어요. 저를 살리기 위해 하나님이 줄을 놓아 주셨으니 안전하게 건너서 살게 해주실 것이라고 믿어요. 그런데도 불안하고 겁이나요."

"벼리야, '너희는 마음에 근심하지 말라. 하나님을 믿으니 또 나를 믿으라.'는 요한복음 14장 1절 말씀 기억하지? 하나님이 지켜주실 것을 믿고 담대하게 건너라."

"네에." 그녀는 불안감을 감추지 못하고 간신히 대답하였다.

"아무것도 염려하지 말고 오직 모든 일에 기도와 간구로 너희 구할 것을 감사함으로 하나님께 아뢰라. 그리하면 모든 지각에 뛰어난 하나님의 평강이 그리스도 예수 안에서 너희 마음과 생각을 지키시리라.(빌립보서 4장 6-7절)는 말씀도 기억하고."

"네. 주님께서 지켜 주실 줄 믿고 감사합니다."

그녀는 하나님이 살려주실 것이라는 확신을 가지고 집중하여 외발자전거에 올라탔다. 바퀴가 얼마나 크고 가는지 밧줄과 그녀와의 거리가 더 멀어졌음에 두려웠다. 천천히 외발자전거 페달을 밟아 앞만 보고 조심스럽게 외줄위로 건너가기 시작했다. 외줄 중간쯤에 이르자 밧줄이 출렁이며 흔들리는 것 같았다. 극도로 불안해진 그녀의 마음속에서 긍정과 불안의 두 마음이 싸우기 시작했다.

"하나님이 지켜주실 거야. 집중! 앞만 보고 건너는 거야."

"너무 무서워. 외발자전거 페달을 놓아버릴까?"

"안 돼, 저 아래를 봐. 여기서 떨어지면 지옥으로 가는 거야."

"지금 너무 힘들어. 사방이 암흑이고 외줄 위에서 외발자전거를 타고 건너는 건 무리야. 줄이 이렇게 흔들리잖아. 그냥 포기하자."

"잘 생각해봐. 처음에 암흑뿐이었는데 하나님이 나를 살리려고 허공에 외줄을 매주셨고, 맨발도 아닌 외발자전거로 건너라고 준비해 주셨잖아. 아무것도 염려하지 말라 말씀하셨잖아. 포기하는 건 절대 안 될 일이야. 비겁한 짓이야."

"난 무서워."

"집중하고, 지금 하나님이 나와 함께 외발자전거를 운전하고 계신다는 걸 생각해. 알겠지?"

"응. 우리 집중해서 건너보자. 하나님이 지켜 주실 거니까."

"좋은 생각이야. 외줄을 설치해 주신 하나님, 지금도 벼리를 하나님이 품에 안고 외발자전거로 함께 건너고 계시다는 사실을 믿고 건너면 돼."

출렁이는 외줄위에서 외발자전거를 타고 무사히 건너왔다. 그런데 극도로 긴장했던 몸과 마음이 느슨하게 풀리자 정신이 몽롱하고 현실과 동떨어진 듯 아득해 오기 시작했다. 그리곤 머리가 깨질 듯이 아파오기 시작했다. 몸을 뒤척이려 해도 물먹은 솜을 걸친 듯 몸이 움직이지 않았다. 얼핏 들릴 듯 말 듯 어렴풋이 소리가 들리는 듯 했다. 소리의 방향으로 귀를 기울이니 누군가 그녀 이름을 부르는 것 같았다. 소리를 향해 수술대 밖으로 나갔던 그녀가 현실로 돌아오려는 시간이었다.

"벼리 씨, 정신 차리세요."

"벼리 씨~" 아주 멀리서 들릴 듯 말 듯 아득하게 자신의 이름을 부르는 소리가 들리는 듯 했다.

" … (이게 무슨 상황이지? 누가 내 뺨을?)"

"들리세요?"

깨질 듯이 아픈 머리와 온몸의 통증을 느끼며

"으~~" 신음소리로 들린다는 신호를 보냈다.

"들리면 눈을 떠 보세요."

힘겹게 눈을 떴다. 눈을 뜨니 그녀를 둘러싼 많은 사람들이 보였다. 모두 다 흰 가운을 입고 동그란 원을 그리고 그녀를 내려다보고 있었다.

그녀를 향해 예닐곱의 얼굴에서 극도로 긴장한 눈동자가 쏟아져 내렸다.

바로 그때

"아이~"하며 원에서 이탈하는 여자 소리가 보였다.

갑자기 무슨 영문인지 알 수 없었다. 그녀의 얼굴을 들여다보던 흰 가운을 입은 여자 의사 한명이 쌩 하고 바람소리를 내며 밖으로 나가는 것 같았다. 그녀에게 동그랗게 원을 그려 쏟아지던 얼굴들이 하나 둘 흩어졌다.

그녀가 외발자전거를 타고 외줄 위에서 사투를 벌이고 있는 동안 그녀는 의식을 잃었고, 산부인과 의사들이 모두 모여 응급조치를 하고 의식이 돌아오길 기다리고 있었다고 했다. 그 시간이 10여 분이 훨씬 넘었다고 보호자로 따라 온 인별 언니를 통해 들을 수 있었다.

"조직검사를 했던 의사 선생님이 많이 놀랐어. 네가 의식이 돌아 왔을 때 얼마나 놀랐는지 화를 내면서 빠른 걸음으로 밖으로 나오더라."

"언니는 어떻게 알았어?"

"갑자기 의사들이 다 네가 들어갔던 곳으로 급히 들어가서 무슨 일이 일어났다는 걸 알았어."

"언니도 놀랐겠네."

"놀라기만 해? 얼마나 기도를 했는지 몰라. 별의 별 생각을 다

했지."

"난 사경을 헤매다 깨어났어."

"나도 의사들의 움직임을 보며 지금 저 안에서 큰일이 벌어지고 있다는 것을 직감했어. 내가 얼마나 놀라서 기도를 했는지 …… "

"뭐라고?"

"제발 별일 없게 해 달라고."

"그랬어?"

"네게 무슨 일이 생기면 제부한테 뭐라고 설명을 해야 하나. 보호자를 자처한 것을 후회하고, 그리고 제부가 나를 얼마나 원망할까 걱정 많이 했어."

"언니가 나 땜에 고생 많았네."

"어휴, 얼마나 놀랐는지 … 온 몸이 떨리고 … "

"정말 많이 놀랐겠다."

"앞으로 내게 보호자로 함께 동행해달라는 말은 하지 마. 나 너무 놀랐다. 보호자는 네 남편이 해야 해."

"알았어. 언니 고생했어."

이토록 동생이 잘못 될까봐 염려하고 기도했던 언니가 이제 그녀에게 천국에 갈 준비를 하라고 한다. 언제 데려가실지 모르니 오늘 데리고 가셔도 당당히 주님 앞에 설 수 있게 세상의 물질이나 유혹을 따라가지 말고 하나님 앞에 바로 서라는 이야기이다. 아버지가 네게 유언처럼 남긴 말씀을 기억하고 근신하고 깨어 있으라고 했다.

유년시절에 대해 아무이야기라도 좋으니 재미있는 이야기를 들려달라고 하였다. 벼리는 1960년에 태어났다고 했다. 그녀의 아버지는 정신이 깨어있는 분으로 일찍이 다 함께 잘 사는 농촌을 위해 계몽운동을 했다고 했다. 새마을운동이 시작되었을 때 새마을 지도자로 선두에 서서 마을의 발전을 위해 동분서주했다고 했다.

　그녀의 유년시절에는 여름이 되면 식량이 떨어져 가족이 배불리 먹을 수 있는 식량이 부족하여 어려움이 많은 농촌이었다. 그녀의 집은 아버지가 과수원을 경작해서 모두가 식량과 돈이 떨어지는 보릿고개인 여름에도 과수원 소득으로 현금이 떨어지지 않아 넉넉한 생활을 할 수 있었다고 했다. 그녀의 아버지는 어려운 집의 젊은 청년을 집에 데리고 살면서 사계절 함께 일을 하고 월급(세경)을 주는 머슴을 두고 함께 일했다. 청년은 몇 년 동안 월급을 모아 같은 마을 아가씨와 결혼을 하여 가정을 꾸렸다. 또한 복숭아꽃이 필 때나 수확을 할 때는 과수원에서 일할 많은 일꾼을 모아서 일을 하게 했다. 그들에게 품삯을 주어 보릿고개를 넘기도록 가정의 생계가 유지되게 해 주었다. 농한기에는 마을 사람들에게 도박을 하지 않게 특용작물 재배하는 법등을 교육하였다. 특용작물로 농촌의 수입이 증대되고 삶이 윤택해질 수 있음을 설명했지만 자본이 없다는 이유로, 게으르고 몸에 젖은 타성으로 이전의 습관을 쉬 버리지 못했다. 그녀의 아버지는 1970년 새마을운동이 시작되기 전부터 이미 어려운 농촌을 새롭게 변화시키려 했다.

그녀는 1967년 초등학교에 입학했다. 초등학교는 각자 자유복을 입고 등교하는지라 아버지는 딸들에게 교복처럼 의상실에서 옷을 맞춰주었다. 여름에는 여중생 교복처럼 흰 블라우스와 앞뒤로 두 개씩 주름을 잡은 하늘색 치마로 등교 복을 맞춰주었다. 성인이 되었을 때 들은 이야기인데 친구들은 "그렇게 옷을 맞춰 입고 다니는 자매들을 보면 도시 아이들 같아서 너무 부러웠다."고 후일담을 했다. 그런 이유로 그녀 자매는 어디서 봐도 한 눈에 띄었다. 3학년 때는 운동장에서 뛰어 놀고 있는 1학년 동생을 향해 "벼리야, 수업시작종 울렸다. 어서 교실로 들어와." 담임 선생님은 운동장을 향해 벼리의 이름을 불렀다. "선생님, 벼리 여기 있어요."라고 친구들이 말하자 "벼리처럼 저렇게 옷을 입고 다니면 단정해서 보기 좋아."라고 하였다. 벼리보다 체격이 더 큰 영별이가 똑 같이 등교할 때 입는 옷을 맞춰 입었기 때문에 눈에 바로 띄었던 것이다. 담임선생님은 1학년인 동생이 벼리만큼 컸으니 옷만 보고 벼리라고 부른 것이다.

온 세상이 뒤집어 지는 천지가 개벽하는 일이 생겼다. 1970년 4월 박정희 대통령이 제정해 새마을운동이 시작되었다. '한 세대의 생존은 유한하나 조국과 민족의 생명은 영원한 것. 오늘 우리 세대가 땀 흘려 이룩하는 모든 것이 결코 오늘을 잘 살고자 함이 아니요 이를 내일의 세대 앞에 물려주어 길이 겨레의 영원한 생명을 생동케 하고자 함이다'라고 박정희 대통령이 새마을운동을 선포하였다.

벼리가 사는 마을에서 가장 먼저 한 것은 마을에 공회당을 짓고 방송시설을 하였다. 아침마다 마을 공회당에서 방송을 통해 새마을운동가가 울려 퍼졌다. '새벽종이 울렸네. 새아침이 밝았네. 너도 나도 일어나 새마을을 가꾸세 살기 좋은 내 마을, 우리 힘으로 만드세.' 라는 새마을운동 노래를 들으며 일어났고, 마을 주민들은 마을 청소 또는 도로 잡초제거하기 등 공동 작업을 하였다. 새마을운동의 정신은 근면, 자조, 협동 3대 정신으로 꼽았다.

　이 시기에 호남고속도로를 착공하여 논산인터체인지 공사가 함께 진행되었다. 초등학교 4학년 무렵부터 시작된 공사였다. 고속도로 진입로가 마무리 되어갔다. 학교에서 학생들을 인솔해 진입로변에 코스모스를 심었다. 서울에서 논산을 찾는 사람들에게 환영의 뜻으로 1km 이상의 논산인터체인지부터 연무대 검문소 앞까지 도로변에 코스모스를 심었다. 그녀는 코스모스를 심으며 자신도 자라서 꼭 서울로 가는 고속버스를 꼭 타보고 말 것이라고 꿈을 키웠다고 했다. 코스모스처럼 가냘프던 그녀는 코스모스의 환송을 받으며 상경하여 날개를 힘껏 펴고 멋진 인생을 살아보겠다고 다짐했다. 성공 후에는 만발한 코스모스 꽃길의 환영을 받으며 돌아오겠다고 결심했다. 그녀에게 멀게 만 느껴졌던 서울. 진입로를 넘어 다니며 서울로 상경하여 성공하겠다는 꿈을 키웠고, 초등학교를 졸업하고, 여중과 여고를 졸업했다. 그녀는 1979년 고등학교를 졸업하고 처음 서울이란 곳에 첫발을 디뎠다고 했다. 어둠이 짙게 내린 밤, 서울에서 직장생활을 하는 인별 언니와 함께 고속버스 터미널에서 택시를 타고 돈암동으로 향하는 길은 환상 그 자체였다. 택시를 타고 바라보는 서울의 야경은 도로에서 하늘에 맞닿을 만큼 조명이 찬란했다. 감탄사가 절로 나와 입이 다물어지지 않았다. 서울거리의 야경을 보고 먼저 눈이 놀랐고, 불빛을 세어보려고 택시 안에서 눈을 치켜 뜬 순간 가슴이 한없이 뛰며 다시 놀랐다. 불빛이 병풍처럼 펼쳐져 있는 야경을 매일 볼 수 있는 서울 사람들은 하나님의 축복을 많이 받은 사람들이라고 생각했다. 특히 산에 무허가로 지은 건물들이 철거되기 전, 미아리고개의 야경이란 그 황홀함을 어디에도 견줄 수 없었다. 그녀는 서울의 야경 속에 빠져 허우적거렸다. 옆에 앉은 인별이 언니와는 아무런 말도 하지 않았다. 자칫 그녀가 내뱉은 감탄사에 언니가 택시기사에게 촌스럽게 보이면 안 될 것 같아 숨소리 외에는 아무 소리도 내지 않고 눈만 놀라 휘둥그레졌다. 아직도 그녀의 눈 사진 속에는 그때 그 풍경들이 머릿속 사진첩에 선명하게 남아 있다.

벼리와 대화를 나누는 동안 외유내강이란 말이 그녀에게 딱 어울렸다. 미소 띤 얼굴이 온화하게 보였지만 어딘가 모르는 카리스마가 느껴졌다. 항상 해맑은 얼굴로, 모든 사람에게 친절히 대하여 편안하고 친근감을 주는 선한 인상이었다. 그녀가 서울에서 생활하는 동안 자신을 끊임없이 채찍질하고 단련했다. "준비된 사람이 쓰임을 받는다. 실력을 갖추지 못하면 기회가 와도 잡을 수 없다." 끊임없이 아버지가 조언해 준 대로 그녀는 모든 일에 열정을 가지고 학습하며 자신을 단련시켰다. 무쇠를 얼마나 많은 시간동안 담금질하고 망치질을 하느냐에 따라 철의 강도가 달라진다. 자신을 끊임없이 담금질하여 내면은 누구보다도 강하고 단단했다. 결혼 전까지 그녀의 활동반경은 직장과 집, 교회, 자기계발의 시간을 보냈다. 한때는 교회학교 성가대 지휘자로 열정을 불살랐다. 그러다 보니 그녀의 삶의 바운더리(boundary)는 아주 좁을 수밖에 없었다. 평일에는 직장에서 시간을 보내고, 주일에는 교회에서 대부분의 시간을 보냈으므로 친구도 만나지 않았다. 젊은이답지 않게 매여서 답답한 생활을 한다고 하는 사람도 있었을 것이다. 하지만 최소한의 시간도 헛되이 보내지 않기 위해 무던히 노력했다. 공자 왈 "학이시습지(學而時習之) 불역열호(不亦說乎) - 배우고 때때로 그것을 익힌다면 즐겁지 아니한가?"를 되새기며 지식이나 교양을 쌓기 위해 무던히 노력하며 살았다고 했다.

결과론적인 이야기지만 그로인해 어찌되었든 그녀는 최소한의 꿈을 이뤘다. 취업 후 지인이 그녀를 찾아와 "언제까지 근무하고 퇴직할거야?" 라고 물었을 때 "저는 여기서 행정실장까지 하고 퇴직할거에요."라고 선포했던 말이 현실로 이루어졌던 것이다. P학당 135년 역사동안 여성행정실장으로 정년퇴직을 한 사람은 없었다. 그녀가 기도 제목으로 삼았던 "정년퇴직하는 그날까지 명예롭게 퇴직하게 해 주세요."라고 기도했던 그녀의 기도가 이루어진 것이다. 우리나라 최초의 학교에서 최초로 정년퇴직을 한 여성행정실장이 되었다. "명예롭게 정년퇴직하도록 앞길을 인도해주신 하나님, 도움의 손길을 외면하지 않고 언제나 열려있어 잡아주는 칠남매 가족에게 감사드린다."고 고백했다. 지나간 삶에 소소한 후회들이 있기도 했겠지만 여러 사람들의 도움으로 큰 후회 없이 열정적인 한 바퀴의 삶을 살았다고 했다. 정년퇴직 후 누군가 그녀에게 물어 왔다.

"다시 인생을 시작할 수 있다면 다시 시작해 보겠냐."고.

그녀는 주저 없이 즉답을 했다고 했다.

"지금까지 최선을 다해 살아왔기 때문에 내게 남아있는 에너지가 없어서 이것으로 만족하고 감사한다."

시간이 지나자 바로 집 앞에 있는 학교를 바라보면 가슴이 설레고 학교일이, 학생과 교직원의 안부가 궁금해진다고 했다. 퇴직 후 충분한 충전의 시간을 가졌기에 다시 열정이 솟아오르고 있는 것이라는 걸 알 수 있었다.

그녀에게 인생 제2막을 어떻게 계획하고 있는지 물었다. 40년 동안 직장생활을 하면서 시간적 여유가 없어 해보지 못한 일들이 많이 있다고 했다. 인생 제1막은 직장을 위해 산 인생이라면, 인생 제2막의 시간은 나 자신에게 선물하고 싶다.
첫째, 직장생활 하느라 하지 못한 하나님을 위한 일을 위해 최선을 다하고 싶다.
둘째, 시인으로 집필 활동을 열심히 하여 후세에 이름을 남기고 싶다.
셋째, 건강과 체력에 맞는 봉사활동을 하고 싶다.
넷째, 좋은 사람들과 여행을 하고 싶다.
다섯째, 시대에 뒤떨어지지 않게 기회가 있을 때마다 세상 변화에 뒤처지지 않도록 배우고 익혀서 시대를 선도해가고 싶다고 했다.

아직도 그녀에게는 활기찬 패기가 남아 있었다. 작지만 야무진 그녀의 인생을 한마디로 표현한다면 에너자이저, 열정이라고 하겠다. 그녀에게 남아있는 시간도 건강하고 열정적으로 꿈꾸는 일들을 위해 도전하며 열심히 살아가야 한다고 힘주어 말했다. 그녀의 삶에서 오늘이 있기까지 그녀에게 영향력을 끼친 분은 하늘 아버지와 육신의 아버지라고 했다.

　그녀에게 "인생의 일 순위는 누구인가?"를 물었다. "내게 일 순위는 하늘 아버지, 그리고 바로 뒤가 나를 이 땅에 태어나게 해 주시고 가장 나답게 살도록 보살피고 가르침을 주신 육신의 아버지."라고 하였다.

4. 주보

고등학교 진학을 고민하는 그녀에게 아버지는 광별이 언니가 다니는 공립 남녀공학에 진학할 것을 제안하였다. 부끄러움이 많은 벼리는 남녀공학에서는 도저히 공부를 할 수 없다고 아버지에게 말씀드리고 여자고등학교에 진학했다. 멋쟁이들이나 입을 만한 숙녀복 같은. 제법 여성스런 교복을 입고 학교생활에 적응을 하는 고등학생이 되었다. 흰색 블라우스에 리본이 있고, 허리가 잘록한 상의, 보폭이 좁은 타이트스커트는 여중에서 익숙해진 플레어스커트의 자유분방함은 자제하게 했다. 여고의 교복은 활동적인 여중의 교복과 달리 조신하고 여성미가 넘치는 여학생을 요구하는 교복이었다. 귀밑 1cm의 짧은 단발머리와 앞부리가 둥근 학생용 구두(단화), 두껍고 쫀쫀한 검정스타킹이 사회인이 아닌 학생임을 암시해주었다.

그녀가 살고 있는 동네에 중학교 때 개척한 교회는 마을 뒷산

아래 조그만 교회였다. 교회 바로 아래에 아담하고 정겨운 사택이 자리하고 있었다. 새로 부임하신 전도사님 부부가 그곳에서 신혼생활을 하였다. 아기자기하고 예쁜 신혼살림이 신기해서 가끔 구경을 했고, 전도사님이 세미나 등으로 집을 떠날 때는 홀로 남은 사모님을 위해 영별이 동생과 함께 사택에서 잠을 잤다. 김영희 사모님은 모세를 임신하여 입덧이 심한 관계로 출산할 때까지 주로 자리에 누워서 생활을 하였다. 전도사님이 집을 비우는 날이면 입덧이 심한 사모님께 인사만 하고 옆방에서 잠을 자고 왔다. 그녀가 사택에서 함께 잠을 잔다는 것은 편안한 누군가가 같은 공간에 있어서 사모님께 심리적 안정을 주는 역할이었다.

성령 충만함으로 뜨겁게 사역하던 남백현 전도사님은 젊은 목회자들이 닮고 싶어 하는 여의도순복음교회 조용기 목사님의 설교 스타일을 많이 닮았거나 닮아가려고 하는 열정 넘치는 전도사님이었다. 가장 기억에 남는 것은 수요예배 때는 천로역정을 가지고 말씀을 전하였다. 그녀가 처음 접한 천로역정은 온 몸에 전율이 흐르게 했다. 존 번연 작가의 반짝이는 아이디어가 기발하였다. 너무 우리 생활에 밀접한 재미있고, 신비한, 신앙생활에 많은 도움을 주는 스토리였다. 영국의 작가이자 설교자 존 번연의 작품 천로역정은 기독교 신앙에 뿌리를 둔 영적인 신앙적 여정을 누구나 쉽게 읽고 깨우칠 수 있도록 쓴 신앙고백서이다. 크리스천이 천국을 향해 걸어가는 여정을 바탕으로 말씀을 전하였다. 이때 그녀는 자신도 존 번연처럼 후대에 길이 남을 신앙서적을 써 보겠다는 꿈을 꾸게 되었다.

천로역정의 줄거리는 대략 이렇다.

길을 거닐다가 광야에 굴이 있어 거기서 자다가 꿈을 꾸었다. 한 사내가 무거운 짐을 지고 책(성경)을 읽다가 불안해하며 집으로 돌아가 살고 있는 도시가 장차 심판받고 멸망당할 것이며 모두가 죽고 말 것이라는 사실을 알렸다. 멸망의 도시에 사는 가족들은 그가 미쳤다고 생각했다. 어느 날 그는 전도자를 만났고 "진노를 피하라"고 적혀있는 두루마리를 받는다. 그리고는 좁은 문을 가리키며 그 문을 두드리면 살길이 있다고 말했다. 그 말을 들은 크리스천은 곧장 앞만 향해 갔고 고집쟁이와 약함이 뒤따라왔다. 고집쟁이는 "찾는 것이 뭐냐"고 물었고 사내는 "영원한 것"이라고 대답했다. 고집쟁이는 크리스천을 따라온 것을 후회하며 약함에게 되돌아가자고 한다. 그러나 약함은 진리를 찾겠다고 하여 고집쟁이만 돌아갔다.

"우리가 가는 곳은 어떤 곳입니까?" 약함이 물었다. "영원한 곳에서 영생을 얻을 것입니다. 이 책에 모두 기록되어 있습니다. 그런데 등에 진 이 무거운 짐 때문에 빨리 걸을 수가 없군요." 이때 나는 그들이 이야기에 팔려 절망의 늪에 빠지는 것을 보았습니다. 크리스천은 무거운 짐으로 인하여 진흙 수렁 속으로 점점 가라앉기 시작했다. 그러자 약함은 당신이 말한 행복이 겨우 이것이냐며 화를 내고 돌아가 버렸다. 그때 나는 도움이라는 남자가 크리스천을 구해주는 것을 보았다.

크리스천이 외롭게 평원을 걷고 있는데 세속 현자가 다가왔다.

그는 일단 짐부터 벗어던지라고 하였고 크리스천은 자신도 짐을 벗고 싶다고 대답했다. 크리스천은 성경을 읽게 되면서 짐이 생겨났다고 말을 했다. 현자는 갈등과 오류에 기인한 것이니 그 위험을 벗어나기 위해 도덕이라는 마을에 합법이라는 신사를 만나라고 조언한다. 그가 집에 없다면 그의 아들 예의를 찾으면 된다고 하여 크리스천은 도덕 마을로 향한다. 그런데 방향을 바꾼 그 언덕이 엄청 가팔랐고 이내 후회했다. 그때 전도자가 왔고 다시는 옆길로 나아가지 말도록 충고한다. 그리고 얼마 후 크리스천은 좁은 문에 도착한다.

그 좁은 문에는 "두드리라. 그러면 열릴 것이니라."라고 적혀 있었다. 크리스천이 문을 두드리자 선의라는 문지기가 문을 열어주었다. 크리스천은 문지기가 가르쳐주는 길을 보며 길을 잃거나 방해물을 만날까 걱정했다. 문지기는 길은 단 하나뿐이며 그 길은 매우 좁고 곧으니 분간할 수 있을 것이라고 말한다. 그리고 크리스천은 등에 진 짐이 무겁다며 도와달하고 요청하자 문지기는 구원의 장소에 가면 해결될 것이라고 말한다. 크리스천은 선의가 일러준 대로 해설자의 집으로 찾아갔다. 해설자가 하녀에게 청소를 시키자 너무도 많은 먼지가 일어났다. 그래서 해설자가 물을 뿌리라고 했고, 먼지는 가라앉고 이내 청소가 끝났다. 해설자는 청소가 안 된 방이 마음이며 먼지는 죄라고 말한다. 이 방을 쓸기 시작한 사람은 율법이고, 물을 뿌린 아가씨는 복음이다. 꿈속에서 보니 해설자는 크리스천을 다른 방으로 인도하고 있었다. 벽난로에서 불이 타오르고 있었는데 한 사람이 물을 끼얹어 끄려하자 불이 더 타올랐다. 불을 끄려고 노력하는 자는 마귀이고 불은 은총이다. 벽 뒤에서 계속 불 위에 기름을 끼얹고 있는 사람이 있었는데 그가 바로 그리스도이다. 그리고 크리스천은 겨우 구원이라는 언덕에 이르게 된다. 그곳에는 십자가가 서 있고 조금 떨어진 곳에는 빈 무덤이 입을 딱 벌린 채 놓여 있었다. 거기서 짐이 풀어져 벗겨지더니 마침내 무덤으로 굴러 떨어지고 다시는 보이지 않게 되었다.

그러나 나는 꿈속에서 크리스천이 겸손의 골짜기에서 난관에 봉착한 것을 보았다. 멸망의 도시 왕이자 괴물인 아볼루온을 만난 것이다. 아볼루온은 배반한 죄에 용서를 빌고 섬기지 않는다면 벌을 주겠다고 했다. 그러나 크리스천은 대항했고 아볼루온은 크리스천의 잘못과 죄들을 열거하며 아무런 보상을 받지 못할 것이라고 빈정댔다. 그러자 크리스천은 네 말이 맞지만 난 용서받았다고 했다. 아볼루온이 결국 벌컥 화를 내며 공격했다. 그러나 하나님의 보호로 가장 치열한 전투에서 크리스천은 승리했다.

계속 길을 가던 크리스천은 여행을 재촉하고 있는 믿음이를 만났다. 믿음은 곤고산에서 기만의 도시에 살고 있는 첫 사람 아담을 만난 일을 이야기했다. 아담은 육신의 정욕, 안목의 정욕, 이생의 자랑이라는 자신의 세 딸과 결혼하라고 했다. 그러나 믿음이는 그의 제안을 거절했고 모세의 도움을 받아 산으로 피했다고 한다. 그렇게 그들은 이야기를 하면서 광야를 거의 벗어날 무렵 전도자와 다시 만났다. 전도자는 그들이 겪어야 할 환난과 복음을 증거해야 할 것에 대해서 말했다.

그들은 허영의 시장에 도착했고 예수도 여기를 지나갔다고 했다. 순례자들은 천국으로 향하기 위하여 반드시 이 도시를 통과해야만 했다. 허영의 시장에 놓인 상품을 거들떠보지도 않자 상인들이 불쾌하게 여기며 길을 막았다. 결국 두 순례자는 심문을 받기 위해 법정으로 끌려가고 말았다. 순례자들은 물건을 사지 않고 진리만을 구하겠노라고 대답한 일밖에 없다고 했지만 재판관은 그들을 때리고 옥에 가두어 구경거리가 되도록 했다. 그러나 순례자들은 전도자의 말을 떠올리며 처분을 기다렸다. 다시 재판이 시작되고 질투와 미신 그리고 아첨이라는 증인들이 등장하여 결국 믿음에게는 사형이 선고되고 바로 형이 집행되었다. 형 집행이 유예되었던 크리스쳔은 감옥을 탈출하여 가던 길을 계속 갈 수 있었다. 그러나 믿음이의 죽음은 크리스쳔에게 큰 고통이었고 혼란스러웠다.

그 때 한 사람이 크리스쳔을 따라오고 있었다. 그의 이름은 소망이었는데 크리스쳔에게, 머지않아 허영의 도시에 사는 많은 사람들이 천국을 향한 순례의 길에 따라 나서게 될 것이라고 말해 주었다. 그 때 그들은 두개의 길을 발견하고 망설였다. 그들은 두 개의 길 가운데 편한 길을 택해 가기로 했다. 얼마쯤 걷다보니 앞서가던 헛된 확신이라는 사람을 만나게 되었다. 그들은 결국 길을 잘못 든 탓으로 의심의 성으로 들어갔다. 그곳의 영주인 절망거인과 그 아내 의심에게 붙들려 지하 감옥에 처박혔다가 겨우 도망갔다. 그들은 기쁨의 산에 이르렀고 양치기에게 거리가 얼마나 남아있는가 물었다. 양치기는 멀어서 못가는 사람도 있지만, 거기 갈 사람들은 다가더라고 대답했다. 목자들 이름은 지식, 경험, 경계, 성실이었는데 그들의 인도로 두 사람은 망원경을 들여다보게 되었다. 장애물 때문에 똑똑히 볼 수 없지만 이를 통해 대문 같은 것과 그곳의 영광을 약간 볼 수 있었다.

내가 다시 꿈에서 보니, 그들은 천성으로 가는 큰 길을 따라 산을 내려가고 있었다. 왼쪽에는 기만의 나라가 있고 그들은 구부러진 오솔길에서 무지를 만났다. 크리스천은 무지가 좁은 문을 통해서 들어오지 않고 구부러진 오솔길을 통해 들어왔기 때문에 너는 심판 날에 도둑이요, 강도라고 책망 받게 될 것이라고 말했다. 그러자 무지는 남들보다 착하게 살았으며 늘 기도하고 금식하고 십일조도 바치고 자선을 베풀었으므로 천국으로 가는 것은 염려 없다고 자신했다. 얼마 후에 그들은 무신론자를 만났다. 무신론자는 당신들이 꿈꾸는 곳은 어디에도 존재하지 않는다며, 자기와 함께 돌아가자고 권했다. 그러나 그들은 기쁨의 산에서 그 성의 문을 보았던 것을 상기하며 거절했다. 무신론자는 그들을 비웃으면서 자기 길을 갔다.

그들은 공기를 마시면 졸린 마법의 땅으로 접어들고 있었다. 그 때 무지가 뒤따라오는 것을 본 크리스천이 무지에게 물었다. "지금 하나님과 당신 영혼 사이의 관계는 어떠합니까?" 무지는
"하나님과 천국이 있다는 데에 동의하기 때문에 좋으며 위안이 됩니다. 그리고 나는 하나님과 천국을 위해서 모든 것을 버렸습니다." 크리스천이 "어떻게 하나님과 하늘나라를 위해 모든 것을 버

렸다고 생각하게 되었느냐"고 물었다. 무지는 "내 마음이 그렇게 말했습니다. 자기의 마음을 믿는 자는 미련한 자라 하였지만 내 마음과 생활은 잘 일치됩니다. 그러므로 나의 소망은 든든한 근거를 갖고 있습니다." 크리스천은 "누가 당신의 마음과 생활이 잘 일치된다고 말했습니까?" 라고 묻자 무지는 "내 마음이 내게 말해 주었습니다."라고 대답했다. 그래서 크리스천과 믿음이는 멀찍이 앞서 가고, 무지는 뒤에서 절름거리며 따라갔다.

이윽고 순례자들은 마법의 땅을 벗어나 뿔라(Beulah) 땅에 들어갔고 천성문이 보이는 곳까지 도달했다. 그런데 다리가 없는 깊은 강이 그들을 가로막고 있었고 그들은 넋이 빠져버렸다. 이 강은 믿음에 따라 더 깊어질 수도 있고 더 얕아질 수도 있다. 순례자들은 결국 그 강에 들어갔고 칠흑 같은 어둠과 공포가 크리스천을 덮쳤다. 그는 빠져 죽어 천성문에 도달하지 못할 것 같았다. 소망이 몇 번씩이나 그를 건져냈지만 그는 이내 가라앉기를 반복했다. 소망은 "저기 천성문이 보입니다. 사람들이 우릴 영접하려고 서 있군요." 그러자 크리스천은 "그들이 기다리는 것은 당신이요. 내가 분명히 올바르게 행했다면 지금쯤 그가 나를 도와주셨을 것입니다. 그러나 내 죄로 인해 나는 버림받았습니다." 그렇게 말하는 크리스천에게 소망은, "환난 때에 그를 의지하여 사는지 시험하시는 것"이라고 말했다. 그때 주의 친절한 팔에 그들은 안기어 올림을 받았다. 그들은 자신들을 접대해 주는 영광의 동반자들을 만나 즐거운 이야기를 나누며 올라갔다. 그들이 빛나는 자들과 나눈 이야기는 그 곳의 영광에 관한 이야기였다. 내가 꿈에 보니, 그 두 사람이 성 안으로 들

어가는데, 들어가자마자 그들의 몸은 변화되었고 성은 마치 태양처럼 빛났다.(인터넷에서 일부 인용)

천로역정은 영적인 여정을 마치고 천국으로 향하는 순간으로 이야기가 마무리 된다. 유혹과 시련 그리고 자신의 죄악을 딛고 마침내 천국 문에 다다른 크리스천. 천국으로 들어가는 순간 무거운 짐인 죄악이 떠나게 되고 영원한 평화와 기쁨을 찾게 된다.

천로역정은 크리스천인 그녀의 영적인 성장을 가져왔다. 미래의 신앙서적을 집필하는 작가의 꿈을 꾸는 계기를 잠시 동안 꿈꾸게 했다. 희망과 구원에 대한 아름다운 이야기로, 영적인 용기와 희망을 전해주는 천로역정이 자신에게 신선한 충격으로 다가온 것처럼 신앙서적을 집필하고 싶었다. 그리고 미래를 회상했다. 자신이 집필한 신앙서적이 신앙인들에게 얼마나 많은 도움이 될까를 생각하니 가슴이 뛰기 시작했다. 가슴이 뛰는 시간만큼은 작가로의 꿈을 마음껏 꾸어보았다. 꿈이야 하루에도 수십 번 꾸었다가 지우고, 경로가 다른 꿈으로 수정하고, 꾸다가 포기하기를 반복하면서 비로소 자신만의 꿈으로 가는 길을 찾는 것이라고 그녀는 말했다.

천로역정을 들을 수 있는 수요일이 기다려졌다. 천로역정은 강인함과 희망, 크리스천의 영적인 여정을 통해 삶의 고통과 시련, 인간의 윤리와 신앙에 대한 깊은 고찰을 담고 있었다. 유혹과 어려움에 직면하면서도 자신의 신념을 지키며 힘을 다해 나아가는 용기. 어려움 속에서도 끈질긴 희망을 가져야 한다는 메시지이다. 인내와 믿음은 결국 성취로, 영적인 여정은 자신의 내면을 돌아보게 하고, 삶의 의미와 목표를 찾아가는 데 용기를 주었다. 인내와 믿음으로 천국에 이른다는 말씀을 들으며 기도했다.

"하나님, 저도 순례자처럼 천국 문에 들어가 반갑게 주님 품에 안기기를 원합니다. 또한 살아가는 동안 존 번연처럼 사람들에게 신앙의 용기를 주고, 선한 영향력을 줄 수 있는, 사랑받으며 오래 오래 읽혀지고 기억에 남는 글을 쓸 수 있게 글 쓰는 능력을 주세요."

어느 날 열심히 사역하는 남백현 전도사님의 일을 덜기 위함인지, 그녀의 달란트를 활용하기 위함이었는지 아버지는 그녀에게 한 가지 제안을 하였다.

"벼리야, 교회 주보를 만들어 볼래?"

"전도사님이 하시잖아요."

"토요일은 전도사님이 말씀도 준비해야 하고, 주보까지 만들려면 너무 바쁘니까 주보 정도는 네가 돕는 것도 좋을 것 같은데 어떻게 생각해?"

"잘 할 자신은 없지만 제가 전도사님 말씀 준비하는데 도움이 된다면 할게요."

"그래. 잘 생각했다."

가장 마음에 부담이 없는 요일을 꼽으라면 단연 토요일이다. 하지만 주보 만드는 일을 작정한 날부터 토요일 저녁이면 교회에 가서 말씀과 찬양과 광고까지 모두 결정된 후 주보 안이 나오면 그것을 가지고 주보를 디자인하고 작성했다. 시골의 작은 교회에서는 예산을 아끼기 위해 주보를 인쇄소에 맡기거나 타이프를 쳐서 복사하는 것이 아니었다. 지금은 복사기가 흔하지만 1970년대에는 복사기도 없는 때였다. 주보를 만드는 방법은 이렇다. 초가 입혀진 원지에 철필로 글씨를 쓴 다음 등사기로 밀어서 찍어 내면 하얀 종이 위에 철필로 긁은 까만 글자가 보인다. 그렇게 만든 주보의 절반은 주일 예배에 사용하고, 나머지 절반은 고향을 떠나 도회지에서 직장생활을 하고 있는 성도들에게 발송되었다. 그녀는 주보를 만들어 보겠냐는 아버지의 제안에 바로 "Yes"로 대답하였다.

그녀의 아버지는 젊은 날에 장로로 취임하였다. 그녀는 아버지에게 왜 젊은 목회자를 담임목회자로 부임하게 하는지 물었다.
"이곳에서 마음 편하게 훈련을 할 수 있도록 돕는 것도 하나님이 기뻐하시는 일."이라고 하였다. 그래서 대학원을 졸업하고 처음 목회를 시작하는 젊은 목회자가 부임을 하면 깍듯이 존중해 주고 목회자를 예수님 대하듯 대접하는 분이었다. 교회의 재정이 부족하면 장로로서 큰 부분을 담당하여 개인적으로 대출을 받아서라도 부족한 부분을 감당하였다.

그녀의 아버지는 자녀들의 신앙생활에 대한 기초를 어린 시절부터 교육하였고, 자녀들의 장점을 잘 알아서 각자에게 맞는 부분을 감당하게 하였다. 학생임에도 주보를 만드는 일을 맡긴 이유가 분명히 있었다. 귀한 시간을 쪼개서 목회자의 사역에 도움을 주기 위함도 있겠지만, 예쁜 필체로 하나님께 영광을 돌려드리는 기회를 제공하기 위함이었다. 그녀의 성향을 아버지가 잘 알고 있으므로 그녀에게 축복받을 수 있는 기회를 제공하기 위해 맡겼다고 결론을 지었다. 그래서 그녀는 "Yes"라고 즉답을 하였다.

　주보는 총 4면으로 A4용지를 반으로 접은 사이즈로 모두 4면이 나온다. 왼쪽 면에 주일 예배순서를 작성하고, 오른쪽 면에 저녁예배와 수요예배 순서를 적는다. 표지 오른쪽 하단에는 교회 이름, 담당 목회자 이름, 교회 주소, 전화번호를 적는다. 그리고 나머지 상단 여백에 그녀가 원하는 디자인으로 그림을 그려 넣었다. 가장 쉬운 그림인 십자가를 그리거나 기도하는 손을 그려 넣었다. 표지 왼쪽 면에는 광고를 작성하고 그곳에 여백이 남으면 모두에게 힘을 주거나, 위로가 되는 말씀을 찾아 적어 넣었다. 전도사님은 여백에 디자인하는 것에 대해서 그녀에게 전적으로 맡기고 아무런 말을 하지 않았다. 매주 토요일마다 주보를 작성할 때면 가슴이 설레기까지 했다. 오늘은 어떤 디자인의 그림을 그릴까? 말씀은 어떤 말씀이 모두에게 은혜가 되고, 위로가 될 수 있을까를 생각했다.

　가장 그녀를 설레게 하였던 것은 주보를 작성하는 동안 늘 간절한 마음으로 기도를 했다.

　"하나님 아버지, 주일날 하나님께 예배를 드리기 위해 모이는 모든 성도들이 주보를 받아 볼 때 기쁜 마음을 갖게 하소서. 예배하는 동안 평안한 마음을 주시고, 말씀을 사모하게 하옵소서. 예배를 통해 신령과 진정으로 주님께 예배를 올려 드릴 때 주님 기쁘게 흠향하여 주옵소서. 예배하는 자들이 예배를 통해 영의 양식을 풍성히 채우고 일주일을 승리하며 살아가게 하여 주옵소서. 우리의 표정과 일상에서의 생활이 전도지가 되어 믿지 않는 사람들에게 복음이 전파되게 하시고 교회가 빈자리 없이 차고 넘치게 하옵소서."

주일 예배를 마치면 매주일 마다 바로 하는 기도다.
"주님, 월요일이면 주보가 전국 각지로 발송이 될 것인데 주보를 받아 보는 사람들에게 기다려지는 주보가 되게 하여주옵소서. 고향을 떠나 있는 형제, 자매들에게 주님이 늘 동행해 주시고, 불꽃 같은 눈동자로 지켜 보호하여 주소서. 가족과 떨어져 지낼 때 외롭지 않게 주님이 곁에 계셔 주시고, 깨끗하고 순수한 영혼을 소유하게 하소서. 타향에서 생활할 때 어려움이 없게 하시고, 혹여나 주님을 잊고 사는 사람이 있다면 이 주보를 받아봄으로 다시 하나님 앞에 돌아오게 하여 주소서. 고향의 부모형제들을 위해 기도하게 하시고, 고향 교회의 목회자와 성도들을 위해, 부흥을 위해 함께 기도할 수 있는 마음을 허락하여 주옵소서."

주보 작성을 마치고 자신을 위해 하는 기도이다.
"하나님, 저에게 기쁜 마음과 설렘으로 이 주보를 만들게 하시니 감사합니다. 더 감사한 것은 주님과 이렇게 은밀하게 기도할 수 있는 시간을 주심에 감사합니다. 주님께서 저의 이런 모습을 늘 지켜보고 계시는 줄 믿습니다. 제가 주일예배의 주보 만드는 일을 하게 된 것은 주님이 제게 할 수 있는 마음을 허락하시고, 아름다운 필체를 주셨음으로 가능한 줄 믿습니다. 제가 만든 주보와 필체를 보는 사람마다 마음의 평안을 느끼게 성령님께서 그들의 마음을 움직여 주옵소서. 제가 학업을 모두 마치고 취업할 때가 되었을 때 이 필체를 통해서 저의 앞길이 열리게 하여주옵소서. 저의 앞날을 주님이 책임져 주시고, 저를 사용하셔서 하나님 영광을 위해 사용해 주시고 큰 일꾼으로 삼아 주소서."

토요일 저녁마다 교회 구석에 앉아 주보 작업을 하는 동안 늘 거의 같은 기도를 하며 작업을 했다. 교회를 위해, 고향을 떠나 도회지로 일자리를 찾아 간 청년들을 위해, 또 그녀 자신의 앞날을 위해서 끊임없이 기도했다. 주보 작업을 하는 시간이 그녀에게는 하나님과 교통하는 은밀한 시간이었고, 은혜의 시간이 되었던 것이다. 그녀에게는 주보를 긁는 일이 주말연속극을 보거나 여유 있는 토요일 저녁시간을 보내는 것 보다 더 소중하고 귀한 시간이었다.

우리의 기도를 들어주시고, 신음과 생각까지도 다 듣고 헤아리시는 전능하신 분은 한 치의 오차도 없으신 분이다. 그녀가 주보를 긁으며 자신의 앞날을 위해 기도했다. 필체를 통하여 취업을 할 수 있게 해 달라고. 그녀가 늘 읊조리던 목소리를 들으시고 응답해주셨다.

그녀가 채용되어 얼마 시간이 지나지 않았을 때 찾아온 수별 씨가

"축하한다. 우리나라 최초의 명문학교, 그것도 기독교학교에 취업하다니 너무 너무 좋겠다. 네 덕분에 여기 학교에도 다 와보게 되네. 여긴 언제까지 다닐 거야?"

"저 취업한 지 몇 달되지 않았는데 언제까지 다니겠냐고 묻는 거 맞아요?"

"아, 질문을 잘못했나?"

"저는 여기 부서에서 올라갈 수 있는 최고의 자리까지 승진한 다음에 퇴직할 거예요."

"어머나, 어린 애긴 줄 알았더니 야무지구나."

수별 씨의 말에 빙그레 웃다가

"믿는 사람에게는 입술에 권세를 주셔서 선포하는 대로 이루어진다고 했잖아요."

"맞아. 내가 오늘 배우고 가네."

"제 기도와 꿈은 반드시 이루어 주실 거예요."

"어떻게 확신해?"

"제 기도에 늘 응답하시거든요. 그리고 하나님이 저를 아주 많이 사랑하시는 걸 확신해요."

입으로 선포하였던 대로 그녀는 최고의 직급까지 올라가 명예롭게 정년퇴직을 하였다. 그녀의 아버지는 신체적으로는 작고 허약하지만 그녀가 욕심이 많고 열정적인, 정신력은 누구보다도 강하다는 것을 알았다. 하나님을 향한 순수한 믿음과 끈질기게 매달리는 성격을 소유한 것도 알았다. 그래서 어린 시절부터 그녀에게 맞는 기도와 적절한 트레이닝을 시킨 결과가 빛을 발하였다. 그녀의 일생에 하나님은 끊임없이 그녀 곁에서 일하고 계셨고, 지금도 그녀를 사용하기 위해 일하고 계신다고 했다. 그녀가 지금까지 자신이 살아온 길을 뒤 돌아보면 모든 것이 하나님의 은혜였고, 한없는 하나님의 사랑이었다고 간증하며 하나님께 감사 찬송을 올려 드린다고 했다.

학비가 가장 적게 들면서 교사가 될 수 있는 방법에 대해 고등학교 3학년 때 담임 선생님이 설명해 주셨다. 그리고 방송통신대학교 초등교육학과에 학교장 추천서를 써주어서 지원서를 제출하였다. 라디오 앞에 앉아 합격자 발표를 기다렸다. 학과별로 합격자를 발표하였다. 그녀는 초등교육학과에 지원을 하였다. 초등교육과 합격자 발표하기 직전 초등교육과는 올해부터 현직 교사들만 합격자로 뽑았고, 앞으로도 현직 교사만 뽑는다고 먼저 안내하고 발표하였다. 초등학교 교사의 꿈은 물거품처럼 사라졌다. 아버지의 후원과 권유로 서울에 소재한 신학교에 입학하였다. 대부분의 학생들이 뜨겁게 신앙생활을 했다. 야간에 지원하여 좋은 직장(공무원 또는 기업)에 근무하고 있는 여자학생들이 99%를 차지했고, 1% 정도의 남학생은 주로 목회를 하면서 어린이선교신학을 공부하기 위해 온 현직 목회자들이었다. 동생이 많아서 인지 그녀는 어린 아이를 무척 좋아했다. 그래서 선교원에서 근무하면서 아이들의 영혼을 사랑하는, 아이들을 위해 기도하고 신앙의 뿌리를 내려주기 위해, 어린이선교를 목적으로 야간 신학교에 입학하게 되었다.

　채플시간을 통해 은혜 받고 행동하는 믿음의 친구들을 보면서 그녀도 함께 호흡하고 싶었다. 수업시간에는 하나라도 더 지식을 얻기 위해 집중하는, 어린이선교에 대한 사명이 활활 불타오르던 시기였다. "내 인생에는 오직 예수님밖에 없다"는 생각으로 살아가는 청년시기였다. 아버지의 권유로 어린이선교신학교에 입학하였으므로 첫 학자금은 아버지가 납부해 주셨다. 그 다음 학기부터는 직장에 취업하든가 아르바이트라도 해서 학자금을 마련해야 했다.

그녀에게는 고등학교 때 주보를 만들며 하나님께 저축해 둔 기도가 있었다. 하지만 학생의 신분으로 하고 있는 공부가 있으니 교회학교 교사밖에 없는 경력으로 선교원 보조교사로 일할 자리를 찾아보기로 했다. 시골에서 교회학교 교사를 해왔지만 서울에 있는 선교원에서 학부모와 교사와 아이들 앞에서 교사로 일한다는 것이 쉬운 일이 아닐 것이다. 수줍음이 유난히 많은 그녀가 남들 앞에서 나선다는 것이 여간 힘든 일이 아니었다. 대중 앞에서 이야기를 하려하면 의도치 않게 먼저 얼굴이 달아올랐다. 선교원 교사로 취업하기 위해 자신감을 키우고 얼굴이 붉어지지 않게 담력을 키워야 했다. 선교원에서 실습을 하고 싶었으나 위치적으로 원하는 곳이 없었다. 결론은 선교원 교사로 근무하는 것은 학교를 졸업한 후, 또는 직장을 다니다가 결혼을 한 후에 해도 좋겠다는 결론에 이르러 선교원 교사의 꿈을 포기한 것이 아닌 일단 뒤로 미루기로 했다.

"벼리야, 큰아버지다. 전화 받아라."

외숙모의 목소리가 그녀를 부르고 있었다.

"여보세요."

"벼리야, 내일 별일 없지?"

"네. 무슨 일이세요?"

"내일 나랑 면접 보러 같이 가야 하는데 시간 괜찮지?"

"어디로 가서 면접을 봐요?"

"서소문. 네 아버지한테 전화가 왔는데, P고등학교에서 글씨를 잘 쓰는 사람을 뽑는단다. 그래서 그곳에 면접을 보기로 되어 있단다."

"학교에서 무슨 일을 하는데 글씨를 잘 써야 해요?"

"학적업무를 맡아서 하게 되나봐. 주로 졸업증명서를 발급하고, 성적증명서도 발급해주어야 하니 글씨 잘 쓰는 사람이 필요하겠지. 학교 직인이 찍혀서 대외적으로 나가는 거라 아주 중요해. 졸업생 대학입학지원서도 작성하나봐."

"그럼 저는 내일 면접만 보면 되요?"

"아마 면접 보면서 글씨를 써보라고 하겠지?"

"그럼 큰아버지를 어디서 만나면 되는지요?"

"P고등학교 정문 바로 앞에 한일다방이 있어. 거기서 만나서 가자."

"내일이 금요일인데, 금요일에 면접 보는 거 맞죠?"

"그래. 금요일에 면접을 보는 거야."

다음날 오전에 P고등학교 정문 앞 한일다방에 들어갔다. 지하 어두컴컴한 분위기의 다방에 몇몇 사람들이 앉아 있었고, 계산대 옆 테이블 위에는 하얗고 투박한 잔들이 뜨거운 김을 모락모락 피워내는 물속에 잠겨 있었다. 큰아버지는 커피 두 잔을 시켰다. 다방 종업원이 커피 잔을 큰아버지와 그녀 앞에 각각 놓고 갔다. 처음 마셔보는 커피는 한약처럼 검고 아주 쓴 맛이었다. 한 모금 마시자 끝맛에서 담배냄새가 나는 것 같았다. 이토록 쓰고 담배냄새가 나는 커피를 왜 돈까지 지불하면서 마셔야 하는지 사람들 심리를 알 수 없었다. 커피를 마시자 큰아버지는 그녀에게 교문 입구로 들어가서 우측에 있는 건물 1층 행정실(서무과)로 들어가서 면접을 보라고 하였다.

다방에서 마신 커피 한잔은 낯선 곳에서의 긴장감으로 가슴이 콩닥거리는 그녀에게 심장까지 터트릴 기세로 심박이 울렸고, 벌렁거리게 만들었다. 행정실문을 열고 안으로 들어서자 사무실은 쥐죽은 듯 고요했다. 10여 명이 앉아서 제각기 업무를 보고 있었다. 인사를 하고 인사담당 선생님의 안내를 따라 빈 책상에 앉았다. 이따금 침묵을 깨는 소리가 있었다. 남향의 창문 아래 놓인 라디에이터와 벽면에 설치된 관에서 망치로 두드리듯 딱딱거리는 소리가 침묵을 깼다가는 이내 조용해 졌다.

인사담당 선생님은 몇 가지 질문을 하고 서류철 하나를 내밀었다.

"색인목록에다 공문을 보고 리스트를 작성 해봐요."

"네."

한 시간 쯤 작성했을 때 인사담당선생님이 와서 작성한 색인목록을 보고 그만 작성해도 된다고 하였다. 그리고 덧붙였다.

"이제 집에 가도 되요."

"네." 영문을 모르지만 일단 대답을 했다. (면접이 다 끝난 거야?) 라고 생각하는 순간

"아, 내일은 8시까지 출근하세요."

"네."(뭐지? 내일 8시까지 출근?)

그녀는 엉겁결에 "네"라고 대답했다. 하지만 전후좌우 아무 말

없이 몸통만 이야기 해 주니 머릿속에서 많은 의문이 꼬리에 꼬리를 물고 다녔다. 내일 아침 8시까지 출근하라는 것은 분명히 합격 통보를 받은 것이다. 그런데 확실히 하고자 생뚱맞게 "제가 최종 합격자에요?"라고 반문할 수도 없었다. 복잡할 때는 가장 심플하고 단순한 것이 정답이다. 그냥 내일 출근하라고 했으니 아침 8시까지 사무실로 출근을 하면 되는 것이었다.

면접을 마친 그녀는 학교 정문을 나오면서 하나님께 물었다.
"하나님, 정말이에요? 제가 아펜젤러선교사님이 세우신 우리나라 최초의 학교이자 명문 사립학교인 P학당에 취업을 한 거 맞아요?"
"네가 매주 토요일마다 주보를 긁으며 하는 기도소리를 내가 다 듣고 있었단다."
"정말요?"
"네가 그랬잖아? 마음과 생각까지 살피시는 하나님이라고."
"맞아요. 하나님은 제 생각까지 살피시고, 머리카락까지 다 헤아리시는 하나님이시라는 것을 알고 기도했어요."
"네 믿음대로 응답 받은 거야."
"하나님 아버지, 감사합니다. 마음속으로 한 기도까지 귀 기울여 들어 주시고, 응답해 주신 것에 무한 감사합니다."
"너의 어린아이 같은 순수함이 나를 감동하게 했단다."
"칭찬이시죠? 부끄럽습니다."
"네 믿음대로 된 것이야."
"감사합니다. 하나님, 제게 일할 수 있는 일자리를 주신 것에 무한 감사하고요, 더욱 감사한 것은 기독교 학교에서 매일 아침마다 말씀과 찬양과 기도로 하루를 시작하게 하시니 감사합니다."

"지금의 감사한 마음이 네가 퇴직하는 그날까지 변함없기를 바란다."

"네. 절대, 절대로 오늘의 이 감사한 마음 변하지 않고 지키겠습니다. 하나님 아버지, 설마 저를 예수님을 세 번씩 부인한 베드로로 보시는 건 아니죠?"

"오늘의 약속이 꼭 지켜지길 바란다."

"나의 주인 되신 주 여호와여, 제 처음 직장이자 마지막 직장이 되도록 주님이 저의 매일 매일을 지켜주세요."

시골에 계신 아버지에게 전화를 하여 면접과정과 내일 아침 8시까지 출근하라는 이야기를 들었다고 하였다. 아버지는

"그래. 잘 됐구나. 축하한다. 너의 간절한 기도가 이루어졌구나. 오늘 기쁘고 감사한 그 마음으로 그곳에서 근무하는 날 까지 성실하게 근무해라."

"네. 너무 기뻐요."

아버지도 함께 기뻐하셨다. 아버지와 통화를 하고 나니 이것은 꿈이 아니라 분명한 현실이라는 느낌이 확실하게 들었다.

1980년 12월 5일은 그녀에게 역사적인 날이다. 그녀의 인생에서 최초의 직장이자 마지막 직장이 될 일자리를 얻은 것이다. 매주 토요일 주보를 작성하면서 했던 기도 "이 주보를 작성하는 사역과 글씨체로 인해서 세상에서 쓰임을 받게 해 달라"고 한 기도를 하나

님이 들어주신 것이다. 믿음은 바라는 것들의 실상이라고 하였다. 그녀는 늘 간증한다. 간절하면 통한다고. 하나님을 향한 순수한마음을 소유하고, 간이 절여질 만큼 간절하고 진정한 마음으로 기도하면 분명히 하늘 보좌를 움직일 수 있다고.

다음 날 아침 8시. 그녀는 생애 처음 직장이라는 곳에 출근 하였다. 그것도 대한민국의 가장 중심인 4대문 안으로 출근했다. 교직원 조회가 끝나자 인사담당 선생님은 벼리를 교장실로 데리고 갔다. 그녀를 중학교 김창근 교장선생님과 고등학교 김학찬 교장선생님께 면접에서 최종 합격한 신입직원이라고 인사를 시켰다. 교장선생님은 활짝 웃는 얼굴로 의례적인 질문을 하시고 "열심히 근무하세요."라는 격려의 말로 인사를 마무리 했다. 교장선생님께 인사를 하고 사무실에 내려오자 인사기록카드를 작성하라고 하였다. 그녀는 인사기록카드 용지를 받아 든 순간 실감했다. "아, 내가 지금 꿈을 꾸고 있는 것이 아니구나. 이것은 꿈이 아니라 현실에서 정말로 취직이 된 것이구나."

매일 아침 하루 일과가 시작되면 기쁨과 감사로 가슴이 벅차올랐다.

"찬양하라 내영혼아 ~ 내 속에 있는 것들아 다 찬양하라 ~"
누가 듣거나 말거나 그녀의 영혼은 늘 찬양했다. 업무상 대화를 할 때를 빼놓고 일거수일투족을 움직일 때마다 뜨겁게 감사기도와 찬송을 했다.

"하나님, 감사합니다. 모든 것이 다 하나님 은혜이고, 저는 감사할 뿐입니다." 이토록 감사할진대 그녀의 얼굴에는 미소가 번지지 않을 수 없었다. 언제나 상냥하고 미소를 머금은 얼굴로 친절하게 민원을 처리하며 생활했다.

"뭐가 그렇게 좋아요?"
나이가 지긋한 김종찬 선생님이 빙그레 웃으며 질문하였다.
"네?" 갑작스런 질문에 당황하여 반문했다.
"매일 얼굴에 웃음꽃이 펴서 보기 좋아서 물었어요." 연세가 지긋한 선생님은 직장생활을 오래하다 보니 직장에 대한 감사보다 현실에 대한 걱정이 많거나, 감사가 무뎌진 것 같았다.
"모든 것이 다 감사해요."
"매일 웃는 얼굴을 보면 나도 덩달아 기분이 좋아져요. 그래서 매일 무슨 좋은 일이 있나 궁금했어요."
"제가 이곳에서 근무한다는 사실이 감사하죠."
"아, 그러고 보니 내가 감사를 잊고 산 것 같네요."
"훌륭한 선생님들과 좋은 학생들, 최초의 학교인 역사적인 공간에서 함께 역사를 만들어 간다는 것이 얼마나 감사한지 모르겠어요."
"나도 젊었을 때는 자부심이 대단했는데...."
"저는 순간순간이 감사하고 기쁨이 넘쳐요. 곧 개교 100주년이 다가오잖아요. 그 역사적인 순간에 함께 한다는 자체가 너무 감사해요."
"젊은 사람과 이렇게 대화를 하니 내 생각도 젊어지는 거 같네요." 영어과를 담당하며 새마을부장이신 김종찬 선생님은 학교의 구석구석을 깨끗하고 아름답게 가꾸는데 열정을 보이셨다. 학교의 조경을 조성하기 위해 자신의 농장에 있는 정원수를 학교에 기증을 하고, 조경석도 학교에 기증하는 열정을 보이셨다.

1984년 2월말에 중구 정동에 있는 학교가 강동구로 이전할 것이라는 발표가 났다. 서울 중심가에 있던 학교가 서울의 동쪽 끝자락인 강동구로 이전 할 것이라고 발표가 되니 학교가 술렁였다.
"강남구도 아니고 왜 강동구야?"
"대체 누구 발상이야?"
"법인에서 결정을 한 것 아니겠어요?"
"아주 후진 ㅇㅇ학교도 강남으로 가는데 왜 명문 P가 서울 끝 강동으로 가냐고."
"언놈이 배터지게 먹고 학교를 구석으로 밀어 넣어?"
"우리가 이대로는 갈 수 없지."
"교직원에게 대안을 세워 놓고 가라고 해야지."
"어떤 대안이 있어요?"
"아파트라도 지어서 하나씩 분양을 해 주고 근무하라고 해야지 무턱대고 이사해?"
"아파트는 법인차원에서 할 수 없잖아요?"
"왜 안 돼? 직원 숙소로 지어서 살게 하면 되지."
"학교 땅 옆에 양곡창고가 있던데 그거 사서, 아파트 지어서 교직원들에게 분양하면 되지 왜 안 돼?"
"아파트는 정부차원에서 지어서 분양하는 거 아니에요?"
"차라리 지주와 부지를 얼마에 팔 것인지 타협을 해 보고 주택

조합을 세워서 아파트를 분양받으면 좋을 것 같아요."

삼삼오오 모여서 자신들의 의견을 허공에 제시하기 분주했다.

학교 부지 옆에 오래된 양곡창고가 있었다. 그 창고를 법인에서 구입하여 교직원 아파트를 지은 다음 입주하게 해 줘야 하는 거 아니냐고 했다. 정동 땅(운동장)을 팔면 충분히 가능한 일이라고 했다. 일부에서는 교직원의 의견을 모아 법인사무국에 전달해야 한다고 했다. 그렇지 않으면 퇴직하겠다는 의견들이 나왔다. 그녀는 퇴직을 하겠다는 사람들이 무슨 생각으로 퇴직하겠다고 하는지 알 수 없었다. 평생직장을 순간 집어치우고 다른 일자리를 찾는다는 것이 과연 올바른 생각인가? 서울에서 지방으로 이전하는 것도 아니고, 서울 중구에서 강동구 신도시로 옮겨질 뿐인데 가족을 부양하는 사람들이 해야 할 생각은 아니라고 생각했지만 입 밖으로는 표현하지 않았다.

학교가 강동구로 이전을 한 후에도 논란은 끊이지 않았다. 차선책으로 교직원들은 주택조합을 결성하기로 했다. 토지가 쌀수록 좋겠지만 양곡창고 땅을 평당 최고 상향 가격을 25만원에 정해놓고 매입하는 것으로 하자고 했다. 양곡창고 주인은 협상할 마음이 전혀 없었다. 25만원을 제안하니 평당 100만원을 줘야 팔겠다고 했다. 100만원을 받겠다는 것은 땅을 팔지 않겠다는 말이었다. 학교 터는 야산이었고 양곡창고는 야산 옆에 있었으므로 평당 25만원에 구입하겠다는 제안은 황당한 제안이 아니었다. 황량하기만 한 서울 맨 끝. 고덕은 신도시로 고덕지구라 하여 고덕저층주공아파트가 2023. 12월부터 입주를 시작하였다. 인도는 제대로 포장되지 않아

구두에는 신도시 주민임을 암시하는 황토 흙이 묻어 있었다. 시내에 나갔을 때 흙이 묻은 구두를 신은 사람은 강동구 고덕지구 사람들이었다. 당시 천호동 사거리도 포장이 되지 않아 비가 내리면 흙탕물을 튀기는 움푹 패인 도로였다. 그때 천호동 주택이 평당 50만 원이었다.

"자기는 강동구로 이전하면 따라 갈 거야?"
동갑인 절친 동료가 물었다.
"응. 나는 학교가 어디로 가든 따라 갈 거야. 얼마나 감사한 직장인데 그만 둬? 설령 난 지방으로 이사 한다고 해도 함께 갈 거야."
"나는 안 따라 갈 거야."
"왜?"
"곧 결혼도 할 거고, 거기까지 다니긴 너무 멀어."
"섣부른 판단 말고 잘 생각하고 결정해."
"예비 신랑이 공무원이니까 나는 직장 안 다녀도 돼." 절친 동료는 요즘 소위 말하는 결혼으로 취집을 생각하고 있었다.
"내 생각은 달라. 남편이 공무원이 되었든, 사업을 해서 돈을 많이 번다해도 내 능력은 내가 지키고 키워야 한다고 생각해."
"다들 그만둔다는데 자기 혼자 따라 갈 거야?"
"응. 나는 한 사람도 안 따라간다 해도 나는 새 이전부지로 따라 갈 거야. 결혼하면 모두 직장을 그만 두는 것이 관례지만 나는 학교에서 날 필요로 하는 날 까지 끝까지 내 능력을 사장시키지 않고 열심히 근무할 거야."

고덕지구 입주와 맞추어 학교도 고덕으로 이전을 하였다. 1983년 겨울방학은 학교 이전으로 바쁜 시간을 보냈다. 1984년 2월 초순부터 99년이라는 역사를 지닌 서류와 기록물, 집기들을 모두 커다란 박스에 담아 포장했다. 포장된 상자는 이삿짐차량에 실려 새롭게 신축한 학교로 옮겼다. 모두다 그만 두겠다고 으름장을 놓던 무성했던 빈말은 온데 간데도 없이 사라졌다. 결혼을 앞둔 절친 동료만 결혼 후 퇴직하고 모든 사람들이 그대로 출근을 하였다. 군중심리에 따라 좌우로 출렁이던 사람들은 모두 평정심을 찾고 잠잠해졌다.

때에 따라 이른 비와 늦은 비를 내리시는 하나님은 그녀에게 때에 따라 승진의 기회를 주셨다. 참 감사한 일이 아닐 수 없다고 간증했다. 승진의 기회는 급수가 올라갈수록 올라갈 수 있는 자리의 한계가 있으니 당연히 좁아진다. 좁은 승진의 길에서 그녀는 좌절을 맛보았다. 적어도 15년 동안은 그녀의 입술에서 감사가 끊이지 않았다. 평가방법에 오류가 있다고 결론을 내린 그녀는 잘못된 점에 대해 상사에게 말이 아닌 글로 써서 전달하였다. 하지만 이미 이뤄진 결과에 대해서 번복할 수 없는 일이었다. 옳고 그름이 공정하고 정당하게 평가되어야 했다. 공과 과를 냉정히 판단해야 했지만 지지자의 숫자에 의해서 결론을 내린 것에 대해 그녀가 할 수 있는 일은 하나님께 억울함을 호소하는 수밖에 없었다.

"하나님 아버지, 당신은 지금 돌아가는 모든 일들을 보고 계시죠? 지금 저 상황이 맞는 게 아니라는 것을 아시죠?"

"감사함으로 일하겠다고 하지 않았냐?"

"맞아요, 하지만 지금 공과 과가 뒤집어진 거잖아요. 이건 아닌 거죠."

"그래. 나도 다 지켜보고 있고, 다 알고 있단다."

"그럼 이 결과는 무엇이죠?"

"때가 이르면 이루리라."

"아직 하나님의 때가 되지 않았다는 말씀이세요?"

"잘 아네. 기다려봐."

"하나님, 궁금한 점이 있어요. 나도 하나님의 자녀, 저 사람도 하나님의 자녀. 둘 다 하나님의 자녀인데 당신은 누구 손을 들어 주실 건가요?"

"내 뜻에 합한 자."

"아멘, 아멘."

"그러니 잠자코 기다려라."

"네. 공의의 하나님. 당신의 때를 기다리겠습니다."

그녀는 흔들리는 마음을 차분히 가다듬었다. 불평불만은 받은 은혜와 감사를 잊게 만든다. 감사를 잊지 않기 위해 마음을 가다듬어 감사함으로 열심히 근무하였다. 꽃봉오리 같은 청춘을 불살라 근무하다가 혼기가 차서 결혼을 하였다. 때에 따라 태의 문을 열어 주셔서 예쁜 딸을 둘이나 낳아 양육하고 출가시켰다. 하늘에 계신 아버지의 은혜로 이제 꽃다운 중년이 되었다. 경제적인 여유도 생기고 삶에 대한 느긋함이 생겼다. 벼리를 경쟁자로 생각하고 시시때때로 보이지 않는 곳에서 인신공격하려는 사람을 보면 측은했고,

불쌍한 마음으로 바라보며 기도했다.

"나의 구주가 되신 하나님, 저는 저 사람이 나의 경쟁 상대가 되지 않는다고 생각합니다. 그런데 저 사람은 저를 자신의 라이벌로 생각하여 시시때때로 저를 흠집 내려 합니다. 잠시 거쳐 지나가는 이곳이 영원히 머물 곳이 아님을 깨닫게 하옵소서. 저 사람의 영혼을 불쌍히 여겨 주소서. 자신이 하는 잘못된 행동을 속히 깨닫고 주님께 회개하게 하여 주소서. 저 사람으로 인하여 주님의 영광을 가리는 일이 없게 하여 주소서."

"긍휼한 마음으로 그를 위해서 기도해라."

"주님, 불의한 사람이 당장은 잘 되는 것 같지만 그것은 착각이라는 것을 압니다. 가라지가 알곡보다 쑥쑥 잘 자라는 것을 봅니다. 당신은 가라지를 제거하려다가 알곡이 다칠까봐 추수 때까지 참고 기다리신다고 하신 말씀을 제가 믿습니다. 가라지로 인하여 알곡들이 치어서 다치거나 죽지 않게 지켜주세요."

"독생자 아들까지 내어주면서까지 내가 너를 사랑하는 것을 알지? 너를 털끝하나 상치 않게 지켜줄 것이다."

"주의 얼굴을 나에게 향해 굽어보시는 하나님, 졸지도 아니하시고, 주무시지도 아니하시는 하나님, 불꽃 같은 눈동자로 언제나 지켜 보호하시는 하나님 아버지, 어느새 제가 50대 중반에 와 있습니다. 여기까지 인도하신 하나님께 감사와 찬송을 드립니다. 주님은 외로울 때 나의 친구가 되셨으며, 길을 잃었을 때 나의 목자가 되어 주셨음에 감사합니다. 지금까지 인도해 주신 하나님의 은혜에 감사합니다.

"아버지, 지금 이곳에 새로운 바람이 일고 있는 것을 아시죠? 주님의 때가 온 것이 분명하다고 체감합니다. 저에게 자신과 함께 행동하자고 종용하는 것도 보고 계시죠? 주님은 제가 절대로 저들과 함께 행동하지 않을 것이라는 것도 아시죠? 제가 그만 둘 일을 하지 않았기 때문에 하나님 앞에나 사람들 앞에서 당당하다는 것도 아시죠? 제가 지금까지 해 온 것과 같이 주님께 묵묵히 기도하며 기다리겠습니다. 주님께서 모든 일들을 당신의 뜻에 합당하게, 순리대로 처리해 주실 줄 믿고 기다리겠습니다."

"때가 이르매 이루리라."

그녀는 수시로 하나님과 대화를 나눴다. 그녀가 삶을 통해 터득한 것은 세상에 비밀은 없고, 누군가와 은밀히 마음속 깊은 이야기를 나눈다면 그 말에 어느 사이 발이 달리고, 날개가 달려서, 수없이 많은 곳에 돌아다닐 것을 알기 때문에 깊은 이야기는 남편도 아니고, 가족도 아닌 나의 주인이신 아버지 하나님과만 나눴다.

"때가 이르매 이루리라."
"감사합니다. 주님이 일하고 계심을 믿고 기다립니다."

대청소가 이루어지고, 주변정리가 모두 끝났다. 이곳은 아펜젤러 선교사님을 통해 설립하도록 하나님이 역사한 곳이다. 하나님이 계획하신 대로 이제 새로운 마음과 분위기로 일을 해야 할 때가 온 것이다. 그녀는 그동안 자신이 관리자가 되면 실천해 보겠다고 계획한 것들을 메모장에 나열했다. 하나님의 위치를 자신의 필요에 따라 진열했다가 구석으로 치웠다 하는 것이 아니라 사무실의 중심에 계시도록 하는 것이 일 순위였다. 섬김의 마음으로 서로 존중하고, 격려해 주는 문화를 만들어가고 싶었다. 가정보다 직장에서 보내는 시간이 더 많기 때문에 직장에서 즐겁게 일할 수 있어야 한다. 경쟁자 구도가 아닌 서로 격려해 주고, 이끌어주며 사랑이 넘치는 일터를 만들고 싶었다. 이렇게 정년까지 잘 이끌어 가고 싶었다.

"하나님, 제게 남은 기간 동안 주님의 뜻에 어긋나지 않게 열심히 근무하게 하소서. 아름답고 명예롭게 정년퇴직 할 수 있도록 주변의 악한 세력들의 모양까지라도 제거해 주세요. 하나님과 학생과 교직원 모두가 만족하고 감사와 기쁨을 누릴 수 있는 학교와 관리자가 되게 하여 주세요."

관리자인 벼리의 출근시간은 정상 출근시간 보다 30분 이상 빨라졌다. 교직원들이 출근하기 전에 교장, 교감, 행정실장이 교장실에 모여서 티타임을 했다. 그날의 하루 일과를 미리 점검하고, 앞으로 진행될 교과과정과 행사와 각종 계획을 들여다보며 꼼꼼히 살피고 오류가 발생하지 않도록 매일 점검하는 회의를 했다. 쾌적하고 공부하기 좋은 환경을 만들어 주기 위해 교육청과 지자체에 학교시설의 선진화를 위해 각종 지원금을 받기 위해 뛰어다녔다. 구청장을 만나 지자체로부터 지원금을 요청하여 받고, 국회의원, 시의원, 교육청으로부터 많은 지원을 받아 학생들에게 행복하고 쾌적한 환경에서 생활하고 공부할 수 있도록 하였다.

많은 공사들이 있었지만 가장 핫한 공사가 석면제거 공사였다.

발암물질이 들어 있는 석면제거를 위해 국가에서 진행하는 관리자 교육을 받았다. 석면은 민감한 사항이라 민원이 많아 매뉴얼대로 진행하기 위해 공부해야 했다. 공사를 계획하고 안전하게 실행하기 위해 많은 의견을 나누었다. 모든 작업은 안전하게 이루어지지만 인근 주민들로부터 민원이 들어오지 않아야 공사를 제대로 끝낼 수 있다. 인간이 계획할 지라도 그 발걸음을 인도하시는 분은 하나님이시므로 그녀가 할 수 있는 일은 기도밖에 없었다.

"주님, 이제 겨울방학에 석면 제거공사를 하려 합니다. 인근학교에서는 학교 주변의 주민들 반대로 석면제거 공사가 중단이 되었습니다. 이곳은 하나님이 세우신 학교인 것 아시죠? 주민들의 마음을 주님 움직여 주셔서 한건의 민원도 발생하지 않게 하여주옵소서. 공사를 맡아 진행하게 될 업체들도 안전이 최우선임을 깨닫고 매뉴얼대로 공사를 진행할 수 있게 해 주세요. 특히 감리를 맡은 분에게도 공사하는 사람들과 잘 소통하여 순조롭게 공사가 진행되게 하여주옵소서."

하나님의 인도하심으로 방학 기간에 음압시설을 한 공간에서 안전하게 공사를 마칠 수 있었다. 인근학교에서는 주민들이 대부분이 학부형임에도 석면공사 거부운동을 하여 공사하는데 애로가 많았다. 하지만 그녀가 근무하는 P중학교에서는 많은 기도로 준비하고, 학생들의 안전한 학교생활을 위해 필히 해야 하는 공사임을 미리 학부모에게 안내하여 주변 주민들로부터 한 건의 민원도 발생하지 않고 순조롭게 석면공사를 잘 마칠 수 있었다. 관리자 모두가 한 마음으로 석면 제거공사를 위해 간절하게 기도한 결과였다.

교실 출입문 교체 공사와 증창공사가 있었다. 모든 공사는 겨울 방학동안 이루어져야 하므로 숨 가쁘게 진행된다. 그동안 증창은 어른의 눈높이로 교실을 들여다 볼 수 없었다. 높은 벽을 낮춰서 교실 안이 들여다보여야 한다는 정부 방침에 따른 공사를 진행한다. 업자 선정은 학기 중에 입찰공고를 통해 결정이 된다. 공사업체는 창호를 설계대로 미리 주문하고, 공사 진행에 맞춰 창틀을 끼워 넣고 창문을 달아야 했다. 그렇게 공사가 끝나야 겨울방학을 마치고 개학을 하여 수업을 진행할 수 있다. 공사가 막바지에 이르는 시점에 문제가 발생했다.

"창문 사이즈와 다르게 창호 주문을 했는데 어쩌죠?"

감리를 맡은 분이 남의 이야기처럼 말했다. 업체에서 공장으로 주문이 들어가기 전에 감리가 설계대로 신청을 했는지 미리 확인을 했어야 했다.

"도면에 창호 사이즈가 나와 있는데 주문을 다르게 했다고요?"

"공사업체에서 숫자를 잘못 보고 주문했나 봅니다."

"개학이 얼마 남지 않았는데 그 사이에 창틀과 창문이 나올 수 있어요? 주문이 밀려서 미리 주문한다고 했는데 가능한가요?"

"최선을 다해 독촉해 봐야죠." 책임감 없고 답답한 대답이었다. 주문한 창호는 못쓰게 되는데 누가 그 큰 손해를 감당할 것인가. 업체와 감리가 알아서 책임 질 부분을 책임지겠지만 손해를 보지 않고 일한만큼 이익을 챙겨가야 하는데 그동안 헛일을 했다는 것과, 며칠 안 되지만 수업을 위해 개학 전에 공사가 완료되어야 했다. 밤새워 일하고 최선을 다한다 해도 창호 공장에서 시간이 필요한 것이다. 모든 일정에 차질이 생긴 것이다. 이 문제에 대해 의논했다. 공장에서 만들 수 있는 한계가 있는데 독촉을 한다고 될 일도 아니었다. 회의 결과 겨울방학을 마치고 개학을 하여 수업하는 5일 동안은 투명비닐을 이용해 내측과 복도 쪽에서 창문처럼 막기로 했다. 또 다시 문제해결을 위해 그녀가 할 수 있는 방법은 기도밖에 없었다.

"주님, 지금 곧 개학을 해야 하는데 창호에 문제가 생겼습니다. 겨울철이라 창문 없이 공부할 수 없는 것 아시죠? 공기를 아무리 단축하여도 샷시 공장에서는 만들 수 있는 방법이 없는 것도 아시죠? 그래서 학교에서 대안을 마련 중입니다. 중창 창문 내측과 외측에서 투명비닐로 창문처럼 막는다고 합니다. 미리 학교 알림을 통해 학부모에게 전달을 할 것입니다. 한건의 민원도 발생하지 않게 주님이 학부모님들의 마음을 움직여 주셔서 학교를 이해하는 너그러운 마음을 품게 해 주세요."

"네 믿음대로 될지어다."

다행히 학부모와 학생 모두가 학교의 공사가 잘 진행되도록 협조를 해주어 종업식을 마치고 봄방학에 창호를 완공하였다.

운동장 스탠드 렉산(그늘막) 공사, 에코스쿨, 통학로 바다 아스콘 공사, 40년에 가까운 강당 창호교체공사, 강당 리모델링, 전기승압 공사, 기도회 실 의자 교체 등 수 많은 교육환경 개선사업을 진행했다.

그렇게 그녀는 정년이 되는 2020년 12월 31일까지 처음 직장이자 마지막 직장에서 정년까지 명예롭게 근무하고 정년퇴직을 하였다. 정년퇴직을 하는 날 그녀는 마지막 인사를 이렇게 했다.

"지금까지 인도해 주신 하나님께 감사드립니다. 그동안 교장선생님을 비롯한 모든 선생님들과 함께 근무할 수 있어서 행복했습니다. 여러분의 끝없는 사랑과 협조로 제가 정년까지 명예롭게 일할 수 있었음에 모든 분께 감사드립니다." 라는 인사를 마치며 그녀는 활짝 웃어보였다.

정년퇴직 후 그날 저녁에 송구영신예배가 있었다. 2021년 새 날을 맞고 새벽 2시가 되어서야 그녀는 집에 돌아와 잠자리에 들었다. 1월 1일은 금요일이고 공휴일로 늦잠을 자도 되는 날이다. 더구나 3일까지 황금연휴이다. 은퇴자에게 황금연휴는 아무런 의미가 없지만 직장생활을 할 때처럼 릴렉스한 연휴를 보냈다.

1월 4일 아침이 되자 분주하기만 했던 아침의 일상이 느긋하다. 느긋하다 못해 게으름이 바이러스처럼 번지고 있는 중이다. 침대에 몸을 눕힌 채 모든 것으로부터 방관하고 있다. 한참을 누워 있다가 아침을 준비하여 느긋한 아침을 먹는다. 퇴직 전부터 어깨에 오십견이 왔는지 팔을 올릴 수 없다. 팔이 아파서 아산병원에서 재활치료를 받으며 차도가 없어 다른 정형외과 병원을 투어중이다. 2020년 9월 수술을 받은 아산병원에서 오른쪽 팔을 잘 관리해야 한다고 했다. 무거운 것도 들지 말고, 평생 동안 오른 팔에는 절대 주사를 맞으면 안 된다고 주지시켰다. 정기검진 때마다 팔 둘레를 재고, 붓지 않도록 팔에는 토시를, 손에는 장갑을 처방해 주었다. 오른손이기 때문에 오른손으로 무거운 것을 안 들을 수 없다. 그렇다면 같은 수술을 한 사람은 모두 팔이 아프고 어깨가 아파야 한다. 하지만 왜, 무엇 때문인지 그녀만 오른쪽 어깨가 많이 아프다.

아픈 중에도 아침이 되면 눈을 뻔쩍 뜬다. 반사적으로 몸을 발딱 일으켜 늦잠을 자지는 않았는지 습관적으로 핸드폰을 열어본다. 그리고 씻기 시작한다. 빠르게 물기를 닦으며 "오늘은 무슨 옷을 입지?" 라고 혼잣말을 한다. 그리고는 이내 "아, 나 퇴직했지."라고 말하며 피식 웃는다. 이것도 반복하면 안 되는 일이다.

땅거미가 지고 밤이 되면 그녀는 안절부절이다. 어깨와 팔의 통증으로 등을 침대에 대고 잠을 이룰 수 없었다. 눈꺼풀은 무거워서 눈으로는 들지도 못할 무게이지만, 심한 통증으로 모두가 잠든 밤에 일어나 안방과 거실을 오가며 안절부절, 좌불안석이었다.

"하나님, 차라리 이렇게 아플 바에야 당신께서 저를 데려가시는 것이 나을 것 같아요."

"정말 후회 없겠어?"

"후회되는 게 있긴 하죠. 제가 당신의 은혜로 평생을 직장을 다닐 수 있었고요, 이제 퇴직하고 25일이면 첫 번째 연금이 나오게 되는데 연금은 받아야 해요."

"그럼, 데려가 달라는 말은 취소하는 거지?"

"제발, 이 통증을 낫게 해 주세요. 너무 아파서 잠을 잘 수 없어요. 건강 주시는 한 제가 주님 일을 한다고 했던 거 아시죠?"

"그렇지, 그런데 올해 아무 일도 하지 않는 것으로 알고 있는데?"

"제가 작년에 암수술을 받았잖아요. 저는 할 수 있을 것 같아서 코로나중일 때 빨리 선교회장 일을 맡아 하려고 했어요."

"그런데 왜 안 했지?"

"사람들이 우선 건강을 챙겨야 한다며 올해는 쉬었다 하라고 해서요."

"그럼 내년에는 한다는 얘기네?"

"네. 제가 항상 얘기하는 거 들으셨죠? 퇴직하면 선교회장과 교구지도자를 자원해서 할 거라고 한 말을요. 내년에는 제가 선교회장을 자원해서 할 겁니다. 그러니 제발 통증을 없애주세요."

"그래. 네 말을 믿어보마."

"그러니 한시라도 빨리 어깨통증을 거둬 주세요."

'♪ 나의 등 뒤에서 나를 도우시는 주 나의 인생길에서 지치고 곤하여 매일처럼 주저 앉고 싶을 때 나를 밀어 주시네 일어나 걸어라 내가 새 힘을 주리니 일어나 너 걸어라 내 너를 도우리라

나의 등 뒤에서 나를 도우시는 주 평안히 길을 갈 땐 보이지 않아도 지치고 곤하여 넘어질 때면 다가와 손 내미시네 일어나 걸어라 내가 새 힘을 주리니 일어나 너 걸어라 내 너를 도우리라 ♪'

"감사합니다. 주님의 행하심을 믿고 기다립니다."

"네 믿음대로 될지어다." 그녀의 믿음대로 차기 선교회장을 자

원하여 감당하는 가운데 어깨통증은 거짓말처럼 사라졌다.

"제가 주님의 일을 위하여 일하고자 당신 앞에 나설 때, 당신은 먼저 가서 제 일을 하고 계시는 주님, 제 육신의 연약함을 아시고 어루만져 주셔서 깨끗케 하여 주신 주님 감사합니다. 선교회장을 맡아 일 년간 일을 할 때에 넓은 마음을 주셔서 상처받지 않게 해 주시고, 회원들을 모두 품고 사랑하게 하옵소서. 회장 일을 하는 동안 회원들을 세심하게 챙기고 섬겨서 선교회가 부흥되게 하여 주세요."

"내가 항상 너와 함께 하리라."

"아멘."

그녀는 다시 아뢰었다.

"저의 부족함을 하시는 주님, 저는 부족하지만 주님이 능력을 주시면 회장의 사명을 잘 감당할 수 있사오니 온유한 마음을 품게 하옵소서."

"그렇지. 어느 순간부터 네가 성급해졌어. 느긋하고 온유한 마음으로 임하라."

그녀는 한 해 동안 선교회장의 사명을 잘 감당했다. 그리고 자신이 했던 약속을 지키기 위해 교구 일을 담당하기로 작정했다.

아무 일도 하지 않고 시간을 보내는 것이 곧 게으름이라고 판단하는 그녀였다.

방에 틀어 앉아 그녀는 버릇처럼 두 손을 모아 깍지를 낀다. 그리고 알 수 없는 낮은 소리로 중얼거린다.

"하나님, 저는 일을 하고 싶어요. '일하지 않는 자 먹지도 말라'고 하셨잖아요. 제게 일할 수 있는 일자리를 주세요.'

"그토록 일을 하고 싶은 이유가 무엇이냐?"

"젊은이가 일을 하고 싶어 하는 것은 당연한 것 아닌지요? 자신의 존재가치를 확인하고 싶고요, 사회적 가치를 실현하며 풍요로운 삶을 살고 싶은 것이 저만의 꿈일까요? 저를 꼭 필요로 하는 어디에선가 당신이 제게 선물로 주신 달란트를 사용하여 열정적으로 일하고 싶습니다."

"그 이유가 다인 것이야?"

"또 있습니다. 저는 첫 직장을 갖게 되면 꼭 하고 싶은 것이 있습니다."

"그것이 무엇인지 물어도 될까?

"제게 일자리를 주시면 제가 제일 먼저 하고 싶은 일이 있습니다. 제가 성인이 되도록 성장시켜 주시고 직장을 주신 하나님께 제가 한 달 동안 열심히 일하고 받은 첫 열매(급여)를 모두 드리고 싶습니다. 하나님, 저에게도 제 삶의 첫 열매를 당신께 기쁨으로 바칠 수 있는 기회를 주세요."

"첫 열매를 드리고 싶은 이유가 무엇인지 물어도 되겠느냐?

"나의 죄를 대속하시기 위해 십자가를 지고 돌아가신 예수님의 은혜에 감사합니다. 죽은 자 가운데서 살아나신 예수님은 부활의 첫 열매가 되셨잖아요. 부활의 첫 열매이신 예수님을 사랑합니다. 심판 날에 모든 믿음의 사람들이 부활하여 성삼위일체 하나님과 천국잔치자리에 있겠지요. 예수님을 만날 때 제가 부족하지만 삶의 현장에서 일하고 얻은 첫 열매를 바쳤다는 칭찬을 듣고 싶습니다. 그래서 제게 꼭 일자리를 주셔야 합니다."

"네 믿음대로 될지어다."

그녀는 매일 간절히 기도했다. 길을 걸으면서 기도하고, 화장실에 앉아서 볼일을 보면서도 기도했다. 그리고 친구를 기다리는 시간이나 버스를 기다리는 자투리 시간까지 시간과 공간을 초월해서 그분께 마음속에 생각하고 바라는 바를 기도로 올렸다.

"제 마음 아시죠? 제가 그동안 당신께 수없이 드렸던 기도를 종합해 보시면 제가 무엇을 원하는지 주님은 아시는 줄 믿습니다. 주보를 만들면서 했던 기도 … 잊지 않으셨죠? 할 수 있으면 제 필체가 빛을 볼 수 있는 곳에서 일할 수 있으면 좋겠습니다. 하지만 내 뜻만이 아닌 아버지 뜻에도 합당한 그런 일자리를 주세요."

"네가 매일 내 귀에 딱지가 앉을 정도로 보채고 있지 않으냐?"

"내 아버지는 전지전능하시고, 상한 갈대를 꺾지 아니하시며, 꺼져가는 등불도 끄지 아니하시고, 낮은 자를 세워주시며, 작은 신음에도 응답하시는 소망의 하나님 아버지이신 줄로 믿고 기다립니다."

그녀의 끊임없는 기도가 하나님을 감동시켰나보다. 그녀가 자나 깨나 그토록 원하던 일자리를 얻게 되었다. 일자리를 얻었다는 것은 그토록 원하던 첫 열매를 바칠 수 있는 기회가 왔다는 것이므로 기뻐 뛰었다. 아마도 그녀에게 기다림의 시간도 없이 순조롭고 빠르게 일자리를 허락해 준다면 직장의 소중함을 모를 것이라고 생각하셨을 것이다. 벼리의 주인 되신 분은 그녀가 기분에 의해 이직하거나 쉽게 퇴직을 선택할 것이라 생각했나보다. 하나님 아버지는 그녀의 마음속 깊은 곳까지 이미 간파하신 것이리라.

삭히고 삭혀서, 뜸을 들이고 또 들여서, 숙성시키고, 성숙하게 만드신 것이다. 겸손한 마음을 갖게 하시고, 하나님의 때를 겸손히 기다리게 하시고, 때가 이르매 이루어 주신 것이다. 그녀에게 얼마나 간절하고, 절박한지 지켜보시고, 살피시어 그녀가 기도하고 바라던 최상의 직장을 선물로 주신 것이다.

"할렐루야! 하나님 아버지, 감사합니다. 이제 때가 왔습니다. 주님이 주신 일자리에서 일할 수 있는 기회를 주신 것에 감사합니다. 일자리 주심도 감사한데 급여까지 주심에 더욱 감사합니다. 또한 저를 통해 주님을 기쁘게 해 드릴 수 있는 기회를 주심에 감사합니다. 제가 한 달 동안 근무하고 받은 첫 급여를 주님께 바칩니다. 기쁘게 받아주소서. 제게 주신 것은 내 것이 아니라 주님께서 제게 맡겨주시고 당신 뜻에 합당하게 사용하라고 맡겨주신 것이라는 걸 깨닫게 하시니 감사합니다. 나의 삶과 순간순간을 지켜 주셔서 직장 생활 하는 동안 주변에서 좋은 사람들만 거하게 하시고, 만날 수 있도록 만남의 축복을 허락해 주세요. 저에게 예수님의 인격을 닮은 삶을 살아가는 성숙한 믿음을 소유하게 하소서. 그래서 날마다 그리스도의 향기를 풍기게 하소서. 오직 당신께만 영광을 돌리며 살아가게 하소서. 저의 평생을 주님께서 일일이 간섭하여 주옵소서."

그녀가 취업하기 전에 그녀의 호주머니 사정은 먼지 한 톨 없이 깨끗하게 비어 있었다. 간간히 언니들로부터 받은 용돈으로 교통비와 꼭 필요한 일상용품만을 구입하며 살아가고 있었다. 어느 날 여고 친구들을 만났다. 차를 마시고 학창시절을 추억하며, 총천연색 꿈은 풍선처럼 부풀어 올라 미래를 꿈꾸는 이야기들로 만발했다. 그날 친구를 만나는 것을 알고 있던 광별 언니가 친구들과 커피 한 잔이라도 사서 마시라고 용돈을 주었다. 그날 언니로부터 받은 용돈을 지갑에 넣고 나갔다. 차를 마시고 찻값을 계산하려는데 가방 안에 있던 지갑이 사라졌다. 돌아다닌 동선이 그리 길지도 않은데 서너 곳을 다니는 동안 지갑이 빠져 나갔나보다. 전 재산인 지갑을 핸드백에 넣는다고 넣은 것이 바닥으로 떨어졌는지 알 수 없었다.

1980년대 다방은 지금 카페처럼 환한 곳이 아니었다. 어두컴컴한 조명 아래서 이야기를 했고, 투박하고 자그마한 잔에 차를 마셨다. 조도가 낮으니 지갑을 어디에 떨어뜨려도 잘 보이지 않았다. 그녀에게 있는 모든 재산을 잃고 상심하는 그녀를 위로하는 친구들의 이야기는 귓속에 머무르지 않고 반대편 귓구멍을 통해 바로 빠져 나갔다. 친구를 만난다고 언니로부터 하사받은 용돈. 지갑을 잃어버렸다는 것은 그녀에게 있는 금전적 여유를 모두 잃었다는 의미인 것이다. 이토록 고등학교를 졸업하고, 서울에 올라와 공부를 하던 학창시절은 경제적으로 어려움이 많았다. 지금처럼 흔한 아르바이트 자리도 없었고, 아르바이트를 한다는 생각은 상상조차 하지 못했다. 학교에 갈 교통비만 있으면 되므로 경제적으로 궁핍하다고 누구에게 불평하거나 부모님께 용돈을 달라고 요구한 적이 없다. 학생의 수중에 있는 돈은 교재를 사서 읽고 과제를 작성하기에 바빴다. 고가의 교재를 구입하는 것 외에는 부모님께 돈을 한 번도 요구하지 않았다. 그녀는 아버지에게 돈을 요구하기 전에 아버지의 경제사정을 먼저 고려했다. 아래로 동생이 셋이나 있었기에 학비를 납부해 주신 부모님께 차마 용돈을 달라는 말은 입에도 올리지 못했다.

1970년대 도시화와 산업화로 핵가족 사회가 시작되었다. 자녀를 한 명 또는 두 명 정도만 낳고, 맞벌이를 하는 관계로 가계 소득이 높아 부모들이 자녀들에게 충분한 용돈을 지급하여 핵가족시대 자녀들은 경제적으로 여유가 있다. 또한 자신이 갖고 싶은 것이 있으면 주저 없이 아르바이트를 한다. 학생들이 명품 옷을 입고, 신고, 들거나 메고 다니는 것은 낯선 일이 아니다. 그녀가 살아가던 1980년대에는 꿈도 꿀 수 없는 일이다. 그때는 학생은 당연히 돈이 없고, 가난한 것이 당연했고, 어른들이 학생들에게 베풀고 배려하던 시대였다.

그녀가 첫 열매를 바치는 날 정말 뛸 듯이 기뻤다. 그 기분을 표현한다면 작가 이상의 작품에 나오는 '날개'처럼, 겨드랑이가 간질거리고, 날개가 돋아나오는 것 같았고, 날개를 펼치고 하늘을 마음껏 날아다닌다는 기분이 정확한 표현일 것이라고 했다. 그녀가 젊은 날에 그것을 위해 기도하고 원하던 일이 현실로 다가왔다. 하나님 앞에 약속을 지켰다는 스스로의 대견함에 자신의 두 팔을 펴서 자신의 머리를 쓰다듬었다.

"벼리 넌, 참 대견해. 칭찬해." 스스로를 칭찬했다.

"참 잘했어. 하나님을 향한 순수한 마음으로 잘 살아가자. 봉급 봉투를 받으면 십일조를 제일 먼저 하나님께 바치는 것 알지? 주신 것에 감사하며 알뜰하고 성실하게 살아가자."

그녀 자신에게 다짐했다.

"하나님~ 무한 감사합니다." 이렇게 감사가 평생토록 끊임없기를 바라면서.

그녀는 외쳤다.

"나의 감사와 찬송은 쉬지 않고 계속된다."

그녀가 결혼을 하고 자녀들이 직장을 얻어 출근하게 되면 자녀에게 간증했다고 했다. 첫 열매와 십일조로 받은 하나님의 놀라운 축복과 은혜를, 때에 따라 이른 비와 늦은 비를 내리시는 하나님의 축복을 손자에게도 간증하며 믿음을 상속하기 위해 40개월 된 손자에게 말을 걸고 있었다.

"하나님은 우리 아가를 아주 많이 사랑하셔."

"할머니, 저는 아가가 아니에요. 제 이름을 불러주세요."

"알았어. 예수님도 단우를 사랑해서 매일 이름을 부르고 계실거야."

"할머니, 오늘 교회에서 배웠는데요, 예수님이 제 죄 때문에 십자가에서 돌아가셨대요."

"그래. 하나밖에 없는 하나님 아들 예수님이 너와 할머니 죄를 깨끗하게 씻기고, 영혼을 살리기 위해서 십자가에 돌아가셨어."

"그런데 할머니, 예수님이 하나님인데 예수님 엄마가 마리아래요."

"그래. 단우가 삼위일체 하나님도 알아? 성부 하나님이 우리와 똑 같은 사람으로 성자 예수님을 이 땅에 보내셨고, 성령 하나님이 너와 함께 계시며 단우를 매일 지켜 보호하시는 거야. 예수님을 우리가 사는 세상에 태어나게 하시고, 우리 같이 세상에서 생활을 하다가 모든 사람들의 죄를 씻기기 위해 십자가에 못 박혀 돌아가셨어."

"예수님이 십자가에 매달려 계실 때 사람들이 창으로 옆구리를 찔렀대요. 그래서 피를 많이 흘려서 돌아가셨어요. 그거 할머니도 아세요?"

"그럼, 예수님이 우리 죄를 대신해서 돌아가셨기 때문에 우리가 천국에서 영원히 살 수 있는 거야. 예수님 핏값으로."

믿음의 대를 5대째 이어가는 손자 단우. 세 돌 절반밖에 지나지 않았는데 교회학교에서 배웠다며 할머니에게 가르쳐 주려한다. 반짝이는 맑은 눈과 앵두 같은 입술로 복음을 전하는 아가가 그녀 눈에 이리 예쁘거늘 하나님 보시기에는 얼마나 더 예쁠까 라고 그녀는 혼잣말을 하고 있다. 지금의 열정과 믿음이 변치 않고 자자손손 대를 이어 계속되기를 바라며 믿음의 유산을 상속시켜 준 부모님께 감사한 마음을 전하는 그녀의 입가에 엷은 미소가 번졌다.

오후에 산부인과 진료를 받을 때만 해도 아이가 며칠 늦게 나올 것이라고 했다. 그런데 예상을 깨고 그날 저녁식사를 마친 후 9시쯤 설거지를 하려고 일어난 순간 뭔가 이상한 느낌이 왔다. 소변이 아닌 따뜻한 물이 다리를 타고 흘러내렸다. 무색 무향의 따뜻한 물은 멈추지 않고 계속 흘러 내렸다. 두려움에 그녀는 산부인과에 전화를 했다.

　"오늘 진료 받은 산모인데요, 출산하려면 아직 1주일을 기다려야 한다고 했는데 지금 알 수 없는 물이 다리를 타고 흘러내리고 있는데 혹시 이것이 양수인가요?"

　"양수가 맞는 것 같아요. 저희는 야간진료 하지 않으니 야간진료를 하는 병원으로 가세요."

　임신 초기부터 계속 진료를 받았던 산부인과 원장님은 양수가 터진 당일 오후에 진료를 받으러 가서 출산 예정시기를 묻는 그녀에게 "아기가 세상에 나오려면 일주일은 기다려야겠어요."라고 했다. 퇴근길에 동료들에게 "오늘 산부인과 가서 진료를 받았는데 출산하려면 아직도 1주일은 기다려야 한다고 하더라."는 원장님의 진료소견을 나누었다. 그런데 아이러니하게 24시간도 지나지 않은 그날 오후 몇 시간 뒤 바로 양수가 터진 것이다. 병원에 갈 채비를 하고 신생아 용품을 챙겼다. 집을 나서기 전에 부모님께 전화를 했다. "엄마, 저녁 먹었어? 나 방금 양수가 터져서 지금 병원에 갈 거야."

"그래. 순산하게 해 달라고 기도할게. 그리고 건강한 아기를 출산할 수 있게 해 달라고 엄마, 아버지가 기도하고 있으니까 아프고 힘들겠지만 잘 이겨내거라."

고덕지구에 사는 광별이 언니에게도 전화를 했다.

"나 지금 양수 터져서 신랑이랑 병원 갈 준비 마치고 강동성심병원으로 갈 거야."

"그래, 내일 아침에 일찍 병원으로 갈게."

"알았어."

"벼리야, 너 오늘 산부인과 검진하러 갔었잖아. 애기가 바로 나올 거 같다고 했어?"

"아니, 1주일 후에나 나온다고 했어. 그래서 겁이 나."

"겁내지 마. 병원에 가면 의료진들이 계속 체크할거니까 별일 없을 거야."

"이렇게 양수가 빠져 나가면 애기는 어떻게 나와?"

"진정하고 평안한 마음으로 기도하면서, 선물로 주시는 새 생명을 기다리자. 하나님이 지켜주시니 별일 없을 거야."

"배도 살살 아파오고 양수가 빠져나가서 겁나는데 … "

"엄마, 아버지도 네가 순산하기를 위해, 건강한 아기가 태어나길 간절히 기도하고 계셔. 나도 기도할게. 모든 염려는 하나님께 맡겨."

"오늘 밤에 애기 낳는 거 아냐?"

"그건 모르지. 사람에 따라 달라. 통계대로 한다면 그렇게 쉽게 나오지는 않을 거야. 난 본격적인 진통이 시작되고도 하루나 걸렸

4. 주보 _ 155

어."

"난 경우가 다르잖아. 양수가 터졌다는 건 아기가 바로 나오겠다는 신호잖아. 그리고 바로 나와야 아기에게도 별 탈 없는 거 아냐?"

"하나님이 계획하신 시간이 되면 나올 거야. 산모가 너무 겁먹으면 제부가 안전운전 하는데 방해되니까 병원 도착할 때까지 되도록 참고 조심해서 가."

모성 본능은 교육이나 주입으로 되는 것이 아니다. 몸이 스스로 반응을 하는 것이다. 아기를 살려야 한다는 조급한 마음으로 종합병원 응급실로 갔다. 줄줄 새는 양수로 양수의 양이 줄어서 태아에게 산소공급에 문제가 생길까봐 염려가 되었다. 아기에게 건강상의 피해를 입히거나 생명에 위협을 느낄까 봐 촉각을 곤두세우며 조바심을 내고 있는데 의료진은 무감각하게 아무렇지도 않다. 그녀는 절박한 마음으로 물었다.

"선생님, 양수가 계속 나오는데 아기가 위험해지지 않을까요?"
"괜찮아요."
"누워 있어도 계속 나오는데 괜찮은가요?"
"네. 괜찮아요." 밤새 양수는 줄줄 새어 나왔다.

언제나 부모님의 자리를 대신해 주는 광별이 언니, 시골에 계시는 부모님을 대신해서 광별 언니가 남편이 출근하기 전 바통 터치를 받기위해 아침 일찍 병원으로 왔다. 어떻게 들어왔는지 산모가 본격적인 진통이 시작되고 분만을 준비하는 대기실까지 들어왔다.

"잠은 잘 잤어?"

"아픈데 어떻게 잠을 자?"

"한숨도 못 잤구나?"

"응. 정신없이 아픈데.... 얼마나 있어야 아기가 나오지?"

"진통이 5분 간격에서 1분 간격으로 좁혀지면 분만시간이 가까워진 거야."

"지금도 많이 아파."

"어른들이 말하는 것처럼 하늘이 노랗게 보일 때 아이가 나온다고 …… "

"하늘이 노랗게 보이지 않지만 지금 이마에 땀이 나고 입술이 마르고 …… "

"힘을 잘 못 주면 소용없어. 배에 힘을 잘 줘야 해. 대변을 보는 것처럼 주는 게 아니고, 코로 깊게 호흡을 들이마시고 입으로 내품으면서 윗배에 힘을 줘. 아래를 향해서."

"흐흡 ~, 푸 ~ 우 ~"

"그래. 잘 한다. 아프다고 절대로 이 악물면 안 돼. 이 다 망가져. 그리고 졸면 안 돼."

"아프지만 잠을 못자서 졸린데."

"잠이 들면 아기를 낳을 수 없어. 아기가 위험해 져."

"흐흡 ~, 푸 ~ 우 ~"

"아직 자궁 문이 열리지 않았어. 계속 심호흡 해."

13시간을 진통과 공포 속에 떨다가 10월 16일 오전 10시 48분이 되어서야 모진 진통을 겪고 아기가 세상에 첫 울음을 터트렸다. 아들을 낳고 싶었지만 하나님은 딸을 선물로 주셨다. 아기를 낳아

봐야 진정한 어른이 된다고 하였다. 산통을 겪으며 엄마의 고통을 알게 되었다. 땀방울이 맺히지도 않았는데 이마를 계속 훔쳐내며 진통이 시작될 때마다 엄마를 불렀다.

"엄마, 엄마도 나를 낳을 때 이렇게 아팠겠네. 이런 고통을 견디며 낳았는데 그 공도 모르고 엄마한테 스스로 잘난 줄 알고 우쭐대고 잘 해주지도 못했어. 미안해. 앞으로는 잘 할게."

"주여, 지금 제가 겪는 이 고통이 십자가에서 못 박혀 달리신 예수님의 고통과 비교가 될까요? 가시면류관을 쓰시고, 손과 발에 못이 박히고, 옆구리를 창에 찔리심보다 더 아픈가요? 저는 한곳만 찢기고도 이 고통을 견딜 수 없는데 예수님은 머리와, 옆구리와 손과 발이 찢기고 찔린 예수님은 얼마나 더 아프셨을까요? 그 고통을 견디며 물과 피를 다 쏟으신 예수님, 핏 값으로 저를 살리셨는데 새 생명을 출산하는 산통으로 제가 이토록 신음을 하다니요."

"아기야, 너도 답답한 뱃속에서 힘들지? 조금만 힘 내보자. 나 혼자서는 너를 낳을 수 없어. 내가 힘을 줄 때 너도 거기에 호흡을 맞춰서 나오려고 애써야 해. 힘들겠지만 우리 함께 호흡을 맞춰보자. 너는 태중이 더 편안하고 안락함을 느끼겠지만 네가 나올 세상은 아주 넓고 밝은 세상이란다. 하나님이 너와 나를 지금 지켜보시고 세상에 안전하게 나오도록 돕고 계신단다. 우리 힘을 내자. 내가 하나, 둘, 셋 할 때 셋에서 힘껏 밀고 나오는 거야." 힘을 배에 제대로 줘야 하는데 처음 출산이라 얼굴에 잘못 주었다. 아이를 낳고 나니 어떻게 힘을 주면 아이가 나오는지 확실히 알 것 같다고 했다. 출산 후 얼굴이 검게 변했다. 잘못 힘을 주니 얼굴의 실핏줄이 터져서 검은 빛이 난다고 했다.

분만실에서 나오자 보호자가 밖에서 기다리고 있었다.

"수고했어. 고생 많았지?" 남편이 그녀의 손을 잡으며 말했다.

"난 이제 더 이상 아기 안 낳을 거야. 앞으로 아기를 더 낳으라고 하면 차라리 죽어 버릴 거야. 그러니 앞으로 둘째를 갖자는 소리는 하지도 마." 출산 후 남편에게 한 첫 마디였다. 그런데 둘째를 갖지 않겠다던 그녀가 먼저 둘째를 갖자는 제안을 했다는 것이 아이러니하다. 아이를 키우다 보면 아기가 재롱을 부리고, 예쁘게 자라는 모습에 출산의 고통은 모두 잊혀진다고 했다. 예쁜 아기를 다시 갖고 싶어지는 마음을 신이 주시는 거라고 했다. 아브라함에게 하늘의 별처럼, 바다의 모래알처럼 많은 자손을 주시겠다고 축복하신 분이 벼리 그녀에게도 태의 축복을 주신 것이다.

결혼 후 처음 임신 사실을 알고 부끄러워서 남편을 통해 부모님께 임신 소식을 전하라고 했다. 아버지는 건강한 아기를 출산하기 위해, 산모의 건강과 순산을 위해 미리 기도하라고 하셨다. 그리고 장한 일을 했다며 칭찬해 주었다. 임신 사실을 알기 전부터 음식을 보면 속이 느글거렸다. 마치 미꾸라지가 속을 휘젓고 다니는 듯 느글거림으로 임신일 것이라고 예측하였다. 그녀는 꿈속에서 배추씨 앗봉지를 들고 두 곳의 땅에 배추씨를 열심히 뿌리고 다녔다. 씨앗이 남지 않을 때까지 봉투까지 톡톡 털어 뿌렸다. 그것이 태몽이었다. 그녀는 그녀의 엄마를 닮아서 입덧이 심하여 밥을 제대로 먹지 못했다. 간신히 목 뒤로 음식을 넘기고 나면 아랫배부터 지진이 일어나듯 꿈틀거리다가 그녀의 체면이나 처해있는 사정은 아랑곳없이 바로 입 밖으로 배출했다. 마치 용이 여의주를 물고 하늘로 오르는 형상으로, 쓰나미가 밀려오듯 출처를 알 수 없는 위장에서 힘이 솟으며 먹었던 음식물이 힘차게 몸 밖으로 모두 쏟아져 나왔다. 섭취할 때는 한공기도 안되던 음식물이 입 밖으로 나올 때는 섭취한 것의 몇 배가 폭포수처럼 쏟아져 나왔다. 어디서 그렇게 많은 물과 음식물이 나오는지. 식사 때가 되면 먹는 즐거움은 전혀 찾아볼 수 없고 뱃속에 아기를 위해서는 영양공급을 해야 하지만 식후에 자신의 의지와 상관없이 입으로 배출할 것이 두려웠다. 열 달을 그렇게 입덧을 하며 힘겹게 직장생활과 태중의 아이를 품고 출산할 시점까지 이르렀다.

출산 후 퇴원하여 아버지에게 여유 있게 전화를 했을 때, 아기를 위해서 어떻게 기도했는지 물었다. 그녀는 서슴없이 대답했다.

"하나님, 제 생각을 다 아시죠? 저는 아들을 낳고 싶어요. 제게 아들을 갖게 해 주세요."라고 기도했어요.

"아들을 낳고 싶구나?"

"네. 엄마가 딸만 다섯을 낳았고, 아래로 아들(남동생) 둘을 낳았잖아요. 저는 엄마 유전자를 가지고 태어난 딸이고, 엄마랑 생일까지 같은 날이니까 엄마를 닮아서 저도 딸만 낳을까봐 그렇게 기도했어요."

"그리고 또 뭐라고 기도했어?"

"하나님, 저는 정말로 아들을 낳고 싶어요. 라고 기도할 때마다 떼를 썼어요."

"그랬더니 뭐라고 하셔?"

"네 욕심을 채우기 위한 기도가 아닌, 태어날 아이를 위해서 기도해 보라는 생각을 주셨어요."

"그래서 뭐라고 기도했어?"

"저에게 선물로 주시는 아이들이 영과 육과 혼이 건강한 아이로 태어나 하나님께 영광을 돌리는 삶을 살도록 해 주세요. 성별은 아이들이 성인이 되었을 때 성별로 인해 피해보지 않게 하시고, 환영 받을 수 있는 성별로 주세요. 주님이 제게 어떤 성별의 아이를 선물로 줄까? 라고 묻는다면 저는 아들을 갖고 싶습니다. 하지만 저는 미래를 예측할 수 없으니 아이가 성장했을 때 자신의 능력을 유감없이 발휘할 수 있는, 환영 받는 성별로 달라고 기도했어요."

"우리 딸 참 지혜롭고 구체적인 기도를 했구나."

"저는 제가 간구한 응답으로 딸을 주신 것이라고 믿어요."

벼리는 남아선호사상이 뼛속까지 젖어 있었던 것일까. 어린 시절 오빠를 갖고 있는 친구들이 부러워서 그 부러움을 자녀를 통해 대리만족하기 위함인지 아들을 원했다. 인간적인 욕심으로는 아들을 갖고 싶었지만 아이들의 인생을 놓고 기도했을 때 하나님께서는 딸을 선물로 주셨다. 하나님은 분명히 기도에 응답해 주셨다고 생각하고 감사기도를 드렸다. 그리고 입술로 선포했다. 우리 아이들이 살아가는 세상은 여자들이 사회적으로 인정을 받고, 인격적인 대접을 받으며 사는 세상이 올 것이라고 확신하고 선포했다.

"아버지, 감사합니다. 당신이 제게 영과 육과 혼이 건강한 딸을 선물로 주셨는데 이 아이가 자라서 자신의 꿈을 마음껏 펼치고, 인격적인 대접을 받으며, 환영 받을 수 있는 성별로 주신 것을 믿고 감사합니다. 이 아이의 삶을 통해서 하나님께 온전히 영광을 돌리게 하여 주시고, 주님을 기쁘게 해 드리는 삶을 살게 하소서. 저희에게 주신 아이를 통해서 주님의 이름이 드높여지기를 원합니다. 귀한 그릇으로 사용하여 주소서."

세상이 바뀌었다. 딸만 둘을 낳았으면 금메달을 거머쥐었다고 한다. 딸 한 명과 아들 한 명을 낳았으면 은메달, 아들만 둘 낳았으면 동메달이라고 하지 않는가. 올림픽경기에서 금메달은 아니지만 자식농사에서 금메달을 획득했다. 아이들에게 기도로 준비하면서 엄마가 갖고 싶은 아들이 아닌 딸 둘을 낳은 이야기를 두 딸들에게 이야기해 줬다.

"엄마는 딸 낳기를 천번 만번 잘했어." 두 딸이 동시에 같은 말을 했다.

"끊임없는 기도에 응답으로 내게 꼭 필요한 딸을 주신거지."

"아들 낳았으면 어떻게 할 거야?" 별람이가 말했다.

"엄마 방식대로 우리에게 하듯 얼굴은 웃고 있는데 말투는 명령조로 이야기하겠지." 조용히 듣고 있던 봄별이 거들었다.

"내가 그래?" 반문하는 그녀에게 별람이가 말한다.

"아들을 낳았다면 착한 우리처럼 엄마가 하라는 대로 다 순종하지 않을 건데 엄마랑 갈등이 심했겠지."

"그런가? 남자아이였다면 다루기가 좀 힘들 긴 할 거야."

"그리고 며느리를 생각한다면 …… 오 ~ 노노노." 별람이와 봄별이가 오른손 둘째손가락을 치켜세우고 좌우로 흔든다.

"내가 딸처럼 잘 대해 줄텐데."

"엄마 은근히 까다로운 사람이야. 어느 며느리가 맘에 들며, 어느 며느리가 엄마 장단에 맞춰주겠어? 며느리를 향한 시어머니의 무관심이 며느리를 편하게 해 주는 거야."

"아마 딸처럼 잘 대해준다 해도 우리 딸들에게 하는 것처럼 신앙생활에 요구하는 것이 많겠지?"

"잘 아네. 엄마는 기본이라고 말하지만 그 기본의 기준이 너무 높아. 그러니 엄마는 아들 안 낳고 딸 낳은 게 얼마나 잘한 일이야. 엄마한텐 딸이 딱이야. 며느리 될 사람 힘들게 할까봐 하나님이 아들이 아닌 딸로 준비해 주신거야."

"너도 아들 낳았으면서 그러냐? 엄마 딸이면 다분히 그런 성향을 가지고 있을 것인데."

"난 아냐. 우리 아들, 며느리 편하게 살도록 노터치 할 거야. 좋은 말도 자주하면 싫은 거야."

"내가 사랑하는 내 자식이니까 신경 써 주고, 하나님이 내게 잠시 맡겨주신 내 자녀니까 최선을 다해 도와주려고 하는 거야. 불편하게 하고 싶은 부모가 어디 있겠어."

"사랑해서 신경 써 준다 해도 말을 많이 하면 부담이야. 싫어하는 것 같으면 하지 말아야 하는 거야. 사위가 아들이 될 수 없듯이 며느리가 절대로 딸이 될 수 없어. 적당한 거리두기가 사위와 며느리를 가장 편안하게 만들어 주는 거야."

"알았어. 내가 생각해도 하나님이 내게 꼭 맞는 착한 자녀를 맡겨 주신 거 같아서 감사하네. 그래서 너희들을 만났잖아. 사위들까지 착한 사람으로."

금지옥엽 그녀에게 꼭 맞는 귀한 딸을 둘씩이나 선물로 주셨다. 가장 귀하고 아름다운 것은 두 딸이 친정부모와 시부모를 잘 공경하고, 하나님을 경외한다는 것이다. 아무리 착하고 효심이 많아도 절대자 하나님을 경외하지 않는다면 아무런 소용이 없다. 큰 딸 별 람이는 가정을 꾸리고 남편과 아들 세 식구가 재미있게 선교회 활동을 하며 주일을 성수를 한다. 세 가족이 예쁘게 신앙생활을 하는 모습을 하나님이 보시고 얼마나 기뻐하실까. 5대째 믿음의 유산을 상속시켜 자녀에게 모태신앙을 물려주었다. 열심 있는 신앙생활로, 아름다운 삶의 향기로, 모든 영광을 하나님께 올려 드리며 살고 있음에 감사가 넘치는 일상이라고 그녀는 힘주어 말하고 있다.

운동장 조회 때마다 단골로 쓰러져 업혀갔던 그녀가 아이 둘을 낳고 나서부터 천하장사 같이 힘이 넘쳐 나게 되었다고 했다. 아이를 건강하게 성장시키고, 올바른 신앙으로 양육해야 하는 엄마라는 이름이 그녀를 천하장사로 만들었다고 했다. 정신력은 누구도 흉내 낼 수 없을 만큼 강하다. 그런 그녀에게 어린 시절에 큰 수술을 받은 경험이 있다고 했다.

초등학교 6학년 겨울방학에 처음으로 집을 떠나 생소한 도시로 향했다. 아침부터 챙겨 놓은 짐을 다시 체크하느라 엄마는 부산했다. 초등학교 4학년 봄부터 종종 머리가 아팠다. 그 이유는 축농증 때문이라고 병원에서 진단했다. 오늘은 축농증 수술을 받기위해 육진창 장로님께서 추천하신 이비인후과 전문병원에 입원하러 가는 날이다. 충청도의 경계를 넘어 전라북도 이리(지금은 익산시이다)에 있는 이비인후과에 입원하기 위해 병원에 들어섰다. 음습한 음지 냄새와 병원 특유의 냄새가 코를 찔렀다. 연탄아궁이가 있는 온돌로 된 방의 입원실이 춥고 낯설게 느껴졌다. 입원 예정기간은 약 1주일동안 입원이 예정되어 있다. 보호자인 엄마는 보따리를 풀어 1주일 동안 사용할 짐을 정리해 두었다. 보호자로 함께 지내야 하는 엄마의 식사는 입원실의 연탄아궁이에 밥을 해 먹는다고 했다.

병원에서 하룻밤을 자고 날이 밝자 수술을 위해 수술실 침대 위에 누웠다.

조명을 밝히는 등이 머리 위에서 초점 잃은 눈으로 나를 무심히 바라보고 있었다. 잠시 후 수술이 시작되면 눈을 부릅뜨고 나를 노려볼 것이 분명했다. 기다리는 시간이 짧지만 그녀에게는 천년의 세월만큼 아주 길고도 멀게 느껴지는, 긴장되고 숨이 막히는 시간이었다. 수술대 위에서 기다리는 동안 그녀가 할 수 있는 일은 우주만물을 창조하신 전지전능한 하나님 아버지께 기도하는 것뿐이었다. 좀 더 정확하게 표현을 한다면 하나님께 어린 소녀가 일방적으로 떼를 쓰는 대화였다. 그녀의 기도는 항상 양방향으로 소통이 되었다.

"하나님, 저 무서워요."
"두려워 말아라. 내가 너와 함께 할 거야.
"보이시죠? 저 차가운 조명과 쌀쌀맞도록 예리한 수술 도구들."
"염려하지 말거라. 수술하는 동안 내가 너를 지켜 줄 거야."
"하나님, 이 수술대 위에서 살아서 집에 갈 수 있는 거죠?"
"당연하지."

"수술하면 축농증이 완전히 나을 수 있는 거죠?"

"별 걱정을 다 하는구나. 네 믿음대로 될 지어다."

"하나만 더 물어도 되나요?"

"물어보렴."

"이제 더 이상 머리가 아프거나 코가 막혀 입으로 숨 쉬는 답답함이 사라지는 거죠?"

"네 믿음대로 된다니까 그러네."

"수술이 끝날 때까지 주님이 제 손을 꼭 잡아 주시면 힘이 될 것 같아요. 제 손을 잡고 저를 지켜주세요."

"그래. 내가 너를 지켜 줄 터이니 맘 편히 수술 받도록 하여라."

"의사 선생님의 손을 주님이 잡고 함께 수술하실 거죠?"

"두말 하면 잔소리지. 완벽하고 깨끗이 수술 될 거야."

"저는 새 삶을 살게 되겠네요. 머리도 아프지 않고 불투명한 머릿속이 깨끗하고 맑게 될 것이고, 이제부터는 입이 아닌 코로 숨을 쉴 수 있으니까요."

50대쯤 되어 보이는 원장님은 수술을 시작하기 전에 아버지에게 수술에 대해 설명을 했다. 수술은 전신마취가 아닌 부분마취로 진행된다고 했다. 환자를 향해 뭔가를 말해주고 싶어 하는 부릅뜬 여섯 개의 밝은 라이트. 각기 다른 표정과 다른 생각으로 바라보는 불빛이 싫었다. 겁에 질린 벼리를 위해 아버지가 수술실에 들어와 함께 계셨다. 원장님께서는 수술환자로서 당시 가장 어린 나이로 축농증 수술을 받는다고 하였다. 안면에 부분마취를 하고 수술이 시작되었다. 수술로 인한 통증도 통증이지만 달그락 거리는 의료기들의 소음으로 공포감이 더 컸다. 청각은 그대로 살아 있어서 모든 소리는 가감 없이 들렸고 무시하거나 피할 수 없었다.

그녀 귀에 들리는 대로 상상하였다.

앗, 쓱싹쓱싹 마치 톱질을 하는 소리가 났다. 마치 톱으로 나무를 자르듯 톱으로 뼈를 자르는 것은 아닐 것이야. 뚝딱뚝딱 저건 망치소린데 어디를 망치로 두드리지? 이 작은 얼굴에 섬처럼 오뚝 솟은 코에 무슨 공사를 한다고 연장소리가 요란한 거야? 한없이 거즈를 넣었다가 빼고, 다시 집어넣는 동작이 그대로 느껴졌다. 통증을 동반한 날선 공포감이 온몸을 휩쓸고 지나갔다. 날것으로 수술의 현장에서 움직이는 하나하나의 몸짓과 솜털의 움직임까지 느껴졌다. 체험해보지 못한 사람들에게 이 현장의 느낌과 모습이 상상만이라도 가능할까?

통증을 차치하고 공포감으로 신음을 할 때마다 육신의 아버지와 하늘 아버지가 그녀 곁에 있음을 상기시켜 주었다.

"벼리야, 십자가상의 예수님을 생각해라."

"… (예수님, 얼마나 힘들고, 큰 고통을 느끼셨나요. 십자가에 매달린 예수님을 생각합니다. 무지몽매한 사람들이 비웃는 소리가 들리는 것 같아요.)

"아프고 힘들 때 마다 예수님을 생각해."

" … (주님, 저를 지켜 주세요. 수술 잘 마치고 빨리 건강을 회복하게 해 주세요. 지금 제 곁에서 보고 계시죠?)"

"아무런 죄도 없이 우리 죄를 씻기 위해서 십자가에 못 박히신 예수님."

" … (그렇죠. 예수님은 얼마나 억울하셨을까요? 왜 꼭 큰 죄인들이 지는 십자가를 지셔야 했을까요? 다른 방법도 있을 것 같은데요.)"

"죽기까지 피 값으로 너와 나를 살리시고 사랑하신 예수님."

" … (그래요. 손과 발에 못이 박힐 때 얼마나 아팠을까요? 창으로 옆구리를 찔릴 때 얼마나 외롭고 고통이 심했을까요? 조롱하는 사람들이 얼마나 밉고 원망스러웠을까요? 그럼에도 예수님은 저들의 죄를 용서해 달라고 기도하셨죠. 저는 지금 부분마취를 하고 건강을 찾기 위해 하는 수술도 이렇게 공포감이 크고 아픈데 예수님은 어떠하셨을까요? 목숨까지 잃으며 저를 사랑하신 예수님을 사랑합니다. 한없는 사랑에 감사합니다. 독생자 아들의 목숨과 맞바꿔 죄로 죽을 수밖에 없는 우리를 살리신 하나님 감사합니다. 십자가상의 예수님을 생각하면 이 아픔쯤이야 참을 수 있어요. 저는 예수님처럼 조롱당하거나 창에 찔리거나 억울한 것도 없잖아요. 예수님의 아픔에 비하면 이건 아무것도 아니지요. 잘 견디겠습니다.")

제일 공포감을 주는 소리는 "쓱싹쓱싹" 뭔가로 뼈를 갈아내는 소리였다. 저렇게 뼈를 갈아내면 내가 온전해질 수 있을까하는 의심이 들면 공포감을 동반한 통증이 더 심해지는 것 같았다. 얼굴이 망가지면 어쩌지? 게다가 그 많은 거즈는 콧속 어디에 집어넣었다가 빼내는지 공포감이 심해질 때마다 신음으로 공포감을 표현했고, 아버지는 공포감에 휩싸일 때마다 말씀하셨다.

"예수님이 지금 이곳에서 너와 함께 계신단다."

" … (네. 저도 그렇게 생각해요.)"

"예수님이 의사 선생님의 수술하는 손을 함께 잡고 수술하고 계시니까 염려하지 마."

" … (네. 알아요. 예수님이 의사 선생님 손을 꼭 잡고 함께 수술하고 계신다는 것을 충분히 알고 믿어요.)"

"모든 염려는 예수님께 맡겨라."

" … (네. 그런데도 자꾸 무서워요. 저 소리들이 더 무서워요.)"

"예수님이 너를 얼마나 사랑하시는지 알지?"

" … (네. 예수님은 언제나 내 편에 서서 나를 도우시고 사랑하시는 걸 믿어요.)"

얼마나 시간이 지났을까 수술은 이렇게 마무리가 되었고 1주일 만에 퇴원하여 집으로 갔다. 병원에 입원해 있는 동안 겨울방학 숙제인 일기쓰기가 밀려있었다. 일기에 수술 과정과 입원했던 일들을 모두 일기로 기록했다. 매일 저녁 6시 라디오에서 '마루치 아라치'를 하는 시간이면 어김없이 뚜벅거리며 걸어오는 간호사의 발걸음 소리가 공포 자체였다. 간호사가 들고 들어오는 항생제 주사가 주는 통증으로 극도의 공포감을 주었던 것도 모두 기록했다. 엉덩이에 주사를 맞으면 온몸이 뻐근해지며 그 사이로 통증이 퍼져 나갔다.

개학 후 선생님께서 조용히 부르셨다.

"일기를 보고 알았다. 방학동안 그렇게 큰 수술을 받았었구나. 많이 힘들었지? 잘 견뎌냈구나. 장하다."라고 격려하셨다.

선생님은 일기를 숙제로만 낸 것이 아니라 일기를 통해 가정방문 하듯이 학생들의 일상을 파악한다는 것을 알았다. 평범하고 시시한 시골에서의 일상들이라 선생님은 일기를 읽어보지 않을 것이라고 생각했던 것이 잘못된 판단이었다. 일기쓰기가 얼마나 소중한 일인지 모른다. 초등학교 때는 똑같은 일상인데 왜 일기쓰기로 학생들 귀찮게 하나라고 생각했다. 학생을 괴롭히려고? 아니면 시골의 단순한 일상을 도회지의 아이들에 맞춰 숙제를 낸다고 알고 건조하고 성의 없는 일상을 일기에 적었다.

"오늘은 친구들과 깡통차기를 하고 놀았다. 재미있었다."

"오늘은 언니들이랑 동생들과 함께 복숭아밭에 가서 아버지가 전지한 복숭아나무 가지를 주웠다. 추워서 장갑을 끼고 하였다."

"오늘은 아무것도 한 것이 없어서 일기를 쓸 것이 없다."라는 글자들로 일기장을 메꿔 놓았었다.

지금도 아파서 통증이 심하거나 고통스러운 일이 있을 때면 수술실에서 인자한 음성으로 하시던 아버지 말씀을 떠올린다.

"십자가상의 예수님을 생각해라."

"예수님이시라면 어떻게 하셨을까?"

아버지는 천국으로 가셨지만 벼리를 향해 항상 하시던 말씀은 지금도 귓가에 쟁쟁하게 들린다.

"오늘이 생의 마지막 날이라고 생각하고 매일 잠자기 전에 하루를 결산하고 회개해라. 오늘 밤 자다가 하나님이 너를 데려가신다면 당당하게 천국에 들어갈 준비가 되었는지, 잠자기 전에 하루를 점검하고 회개해라."

"너는 내게도 귀한 딸이지만 하나님의 귀한 자녀란다. 천지만물을 창조하신 전능하신 하나님이 네 아버지가 되시는데 무얼 걱정하느냐. 그분께 기도로 부르짖어라."

아버지의 음성과 십자가상의 예수님을 생각하면 가슴이 벅차오르고 힘이 솟아오른다. 아무리 힘든 일도 주님이 함께하시므로 다 견디고 이길 수 있다는 자신감이 생긴다. 천국에 계신 아버지와 하늘 아버지가 나의 아버지시고, 구원자이신 독생자 예수로 말미암아 영혼이 영원히 살 수 있음에 감사한다.

나이가 들어감에 따라 건강했던 몸에 적신호가 들어왔다. 급기야 크고 작은 수술들이 그녀를 공격해 왔고, 무기력해진 몸은 피할 수 없었다. 갑상선 항진증, 자궁근종, 유방암 등이 그녀에게 겁 없이 도전장을 내밀었다. 벼리에게 큰 장점은 큰 일 앞에서 오히려 담대해지고 좌절하지 않는 것이다. 그녀는 두 팔을 걷어 올리고 용감하게 맞서 싸웠다.

"할 수 있거든 이 무슨 말이냐 믿는 자에겐 능치 못함이 없느니라."

"죽은 나사로도 살리신 하나님, 이쯤 질병쯤이야 충분히 낫게 해 주실 것을 믿습니다."

자궁근종을 떼어내며 자궁적출 수술까지 했다. 수술대에 누우면 어느 때보다도 겸손해진다. 그리고 극도의 공포감이 있지만 이

내 침착해진다.

"하나님, 보고 계시죠? 저 지금 수술대 위에 누워있습니다. 그동안 제가 지은 모든 죄를 용서하여 주세요. 그리고 제가 알지 못하는 죄까지도 모두 용서하여 주소서. 독생자 아들의 목숨까지 아끼지 않으시고 저의 죄를 대속하여 씻겨주신 하나님 은혜에 감사합니다. 이 수술을 받다가 혹시라도 제가 주님 나라에 불려가게 된다면 주님의 나라에 임하게 하여 주옵소서. 공포감이 몰려올 때마다 십자가상의 예수님을 생각하게 하시고, 주님이 당하신 고통을 생각하며 잘 견디게 하여 주옵소서. 의사 선생님의 집도하는 손을 주님이 함께 잡아 주셔서 깨끗이 치유되고 회복되게 해 주실 줄로 믿습니다."

그녀의 아버지는 1994년 11월 27일 천국으로 가셔서 그녀 곁에 계시지 않지만 어릴 적 수술실에서 들려주시던 그 말씀을 기억하며 위기 때마다 그녀를 위해 십자가를 지기까지 사랑하신 예수님과 하나님 아버지가 도와주실 것을 확실히 믿고 기도하며 위기를 모면한다.

5. 예수님이시라면

지금까지 아무에게도 말하지 않은 비밀이 있다고 했다. 중학생 때 일로 여름이었다. 집에서 나와서 골목길을 가다가 땅에서 50원짜리 동전을 발견하였다. 시력이 항상 2.0을 유지하여 남들이 보지 못하는 것들을 잘 보는 편이었다. 무심코 "돈 주웠다!"라고 외치고 동전을 주워 호주머니에 넣었다. 한쪽 옆에서는 미취학 아동인 동네 꼬맹이들이 부드러운 황토 흙으로 놀이를 하고 있었다. 50원짜리를 주울 때 윗집 꼬맹이가 보았다. 그런데 아무런 말이 없었다.

그날 저녁 엄마가 불렀다.

"너, 돈 주운 거 있어?"

"응. 낮에 길에서 50원짜리 동전 한 개."

"그거 어디 있어? 가져와 봐."

"왜?"

"그 돈 윗집 아이 돈이래."

"아까 내가 동전 주울 때 그 애가 보더니 자기 돈이라고 하는 거야?"

"아냐, 그 애 엄마가 내게 얘기했어. 아침에 딸한테 50원 줬는데 잃어버렸다고."

"그 돈이 그 애가 잃어버린 돈이란 걸 어떻게 알아?"

"네 돈이 아니면 주인을 찾아 주는 게 맞는 거야. 예수님이시라면 어떻게 하셨을까?"

"그렇긴 한데 …… "

"엄마가 갖다 줄 거니까 이리 줘."

"알았어. 하나님은 누구 돈인지 다 알고 계실거야."

지금은 길에서 주운 돈을 가져가면 '점유이탈물횡령죄'에 속하지만 옛날에는 양심과 도덕성에 맡겼다. 동전은 별거 아니라고 양심이 흔들렸던 것이다. 아니 조금 더 정확히 말하면 주운 돈에 양심도 무뎌지고 마음이 흔들린 것이다. 그깟 동전을 주인이 누구인지도 모르는데 주인을 찾아 돌려준다는 것이 더 번거롭게 느껴졌다.

결국 그 돈은 내 돈이 아니므로 엄마에게 건네주었고, 엄마는 윗집 아주머니에게 전달했다. 그 어린 시절에 하나님의 자녀답지 않은 행동을 했다는 생각에 자존심이 구겨지고 있음을 느꼈다. 내 돈이 아닌데 땅에서 주운 걸 내 것으로 삼으려 했다는 것과 그리고 윗집 아주머니가 동전을 내가 주워서 가져갔다는 것을 알았다는 것에 대한 자괴감이 들었다.

다음 날 길에서 만난 윗집 아주머니는 그녀에게 주운 동전을 돌려줘서 고맙다고 했다. 내 돈이 아니었지만 잠시 횡재했다는 생각에 주인을 찾아주는 일을 뒤로하고 사리분별을 하지 못한 그녀가 자기 스스로에게 한없이 부끄러웠다. 그리고 아버지가 항상 하시던 말씀이 마음을 두드렸다.

"하나님의 자녀인 우리 아들과 딸들은 언제나 정직해야 한다."

"네."

"하나님은 우리가 골방에 숨어 있을 때에도 그곳에 함께 계셔서 늘 지켜보고 계신다는 걸 기억해."

"네. 기억해요. 하나님은 시간과 공간을 초월해서 언제나 나와 함께 하신다고 말씀해 주신 것을 기억해요."

"내 것이 아닌 것은 결코 내 것이 될 수 없단다."

"네. 주인을 찾아줘야죠."

"항상 행동하거나 말하기 전에 이걸 생각해. 예수님이라면 어떻게 하셨을까?"

"네. 예수님의 성품을 닮아갈게요."

"이 곳에 예수님이 함께 계신다면 어떤 표정을 하고 계실까?"

"예수님을 기쁘게 해 드리는 자녀가 될게요."

"말은 그 사람의 내면을 알 수 있는 거란다. 품위 있게 교양 있게 말해라."

"말하기 전에 한 번 더 생각하고 하라는 거죠?"

"옷은 항상 단정하고, 행동은 바르게 해야 해."

"자리에 알맞은 옷차림과 하나님의 자녀답게 바른 행동을 할게요."

『내가 주릴 때에 너희가 먹을 것을 주었고 목마를 때에 마시게 하였고 나그네 되었을 때에 영접하였고 헐벗었을 때에 옷을 입혔고 병들었을 때에 돌보았고 옥에 갇혔을 때에 와서 보았느니라. 이에 의인들이 대답하여 이르되 주여 우리가 어느 때에 주께서 주리신 것을 보고 음식을 대접하였으며 목마르신 것을 보고 마시게 하였나이까. 어느 때에 나그네 되신 것을 보고 영접하였으며 헐벗으신 것을 보고 옷 입혔나이까. 어느 때에 병드신 것이나 옥에 갇히신 것을 보고 가서 뵈었나이까 하리니⋯ 지극히 작은 자 하나에게 한 것이 곧 내게 한 것이니라』

마태복음 25장 35절-40절의 말씀으로 예수님은 어떤 형태로든 우리에게 오실 수 있으니 누구를 대하든 예수님을 대하듯 하라는 말씀을 하셨다. 예수님은 모든 사람들이 가까이 하기를 꺼려하고 소외된 모습으로 우리 곁에 오실 수 있다고 하였다. 그 말씀이 스펀지처럼 그대로 가슴속에 스며들었다. 그녀의 가장 큰 장점은 "멋진 모습으로 오시면 모두가 환영하실 텐데요."라고 엉뚱한 말도 하지만 아버지가 해 주시는 이야기를 이해하고 받아들이면 100% 믿고 실천하려고 노력했다. 그녀에게 아버지가 하시는 말씀은 세상에서 가장 소중하고, 하나님 말씀 다음으로 진실 된 이야기로 믿고 살았다.

초등학교 5학년 때쯤 오후 해가 뉘엿뉘엿 질 무렵의 일이다. 보릿고개인 여름에 혼자 집에 있는데 걸인이 구걸하러 왔다. 허름한 차림에 모자를 푹 눌러쓴 남자는 자루를 메고 서서 동냥을 달라고 했다. 혼자 있는 집에 걸인이 찾아왔다는 것에 일단 겁이 났고, 이내 부동자세가 되었다. 그때 문득 아버지가 들려주신 '주린 것을 보고 음식을 대접하였으며' 라는 말씀이 생각났다. 예수님이 오늘 우리 집에 걸인으로 찾아오셨을 수도 있겠다 싶었다. 그래서 걸인의 동냥자루에 쌀독에 얼마 남아있지 않은 쌀을 큰 바가지로 한 바가지 퍼서 주었다. 예수님이실지 모르니까.

저녁이 되자 엄마가 집에 돌아왔고, 저녁을 준비하기 위해 쌀을 가지러 쌀을 넣어둔 항아리에 갔다. 쌀독에 쌀이 얼마 남지 않은 것을 발견한 엄마는 벼리에게 낮에 무슨 일이 있었는지 물었다.

"낮에 집에 누구 왔었어?"

"응. 혼자 집에 있는데 동냥아치가 와서 동냥 좀 달라고 해서 쌀을 퍼줬어."

"그런데 왜 이렇게 쌀독이 비었어?"

"예수님이 우리 집에 오신 게 아닐까 해서 큰 바가지로 한바가지 퍼서 줬는데...."

"잘 하긴 했는데 그래도 가족이 먹을 양식은 남겨두고 줘야지."

"사실은 집에 혼자 있으니까 조금 무섭기도 하고, 예수님이 거지로 우리 집에 오셨을 수도 있고 그래서 많이 퍼줬어. 다음엔 절반만 줄게."

통일벼가 나오기 전 우리나라는 식량난이 심각했다. 새마을운동을 하면서 통일벼가 공급되었고, 다수확으로 쌀밥을 배불리 먹을 수 있었다. 식량난이 심각한 터라 정부에서는 혼식, 분식을 장려하던 시절이었다. 초등학생부터 고등학교를 졸업할 때까지 학교에서 30%~50% 이상의 혼식을 장려하며 도시락 검사를 하던 시기였다. 그렇게 쌀이 부족하여 가마솥 가운데에는 보리를 넣고 가마솥 한쪽에 쌀과 콩을 넣어서 밥이 다 되면 할머니와 아버지, 어린 동생들 순서대로 먼저 쌀밥을 펐다. 그리고 나머지는 모두 섞어서 먹었으니 혼식은 장려하지 않아도 저절로 실천되었다.

마음이 꾸밈없고 참되어서 순진한 것인지, 사사로운 욕심이나 불순한 생각이 없어서 순수한 것인지 알 수 없다. 내면에서 순진과 순수 사이에 의문 부호들이 무성하지만 한 가지 확실한 것은 말씀에 대해서는 그대로 실천하려 노력하고 믿음의 인물들을 따라가려고 노력하는 것으로 볼 때 순진한 쪽에 가깝다고 보겠다.

오쟁이를 아십니까?

시골 출신이라면 한번 쯤 들어보거나 가까이 접한 기억이 있을 것이다. 우리 마을에는 그런 사람이 한 사람도 없었지만 멀지않은 이웃 동네에 오쟁이(정신병을 앓는 여자와 비슷한 표현력이 조금 부족하고 돌볼 가족이 없는 그 남성에게는 오쟁이라고 부른 것 같다)가 있었고, 정신병을 앓는(제대로 치료조차 받지 못하는 정신병 환자) 여자가 있었다. 둘 다 활동적이어서 그들이 우리 마을에 살지 않았지만 어디서나 쉽게 만날 수 있었다.

정신병을 앓는 미친 여자도 정상이 아니지만 '오쟁이'는 정신적으로 조금 부족한, 남의 빈집에서 잠을 자고 밥을 얻어먹고 사는 사람이었다. 오쟁이에게 잔칫날은 명절이나 마을에 장례 또는 잔치가 있는 날이 자신의 잔칫날이요 생일이었다. 살만한 집에 생일이 있는 날이면 그 날이 바로 오쟁이의 잔칫날이자 생일날이 되는 것이다. 자신이 사는 동네가 아닌 이웃 동네까지 누가 알려주기라도 한 것처럼 잘 알고 찾아왔다. 음력 6월은 할머니 생신이 있는 달이다. 할머니 생신일엔 일가친척과 동네 어르신들을 초대하여 아침식사 대접을 했다. 그날을 달력에 체크라도 해 놓은 것처럼 매년 빠지지 않고 찾아왔다. 얼굴은 선천적으로 검은지 씻지 않아서 검은색인지 거무튀튀한 빛이었다. 그의 외모는 체격이 크고 통통하며 그의 나이는 언제나 50대정도로 보였다. 깨끗이 씻고 말쑥한 차림으로 오면 좋으련만 항상 옷은 빨아 입지 않고, 몸에 검불이 붙어 있으며, 몸에서 냄새가 나는 사람이었다. 정신적으로 약간 부족하여 존댓말도 할 줄 모르는 것 같았다. 할머니 생신날이면 열려있는 대문으로 특유의 덜덜거리는 소리를 내며 들어왔다. 엄마는 오쟁이가 들어오면 손님들과 떨어진 대청마루 한 쪽으로 안내했다.

"여기 앉으세요."
"덜덜 … 배고파."
"조금만 기다리세요. 상 차려다 드릴게요."

네모난 작은 상에 정성껏 따뜻한 밥과 국 그리고 반찬을 예쁘게 차려서 수저와 젓가락을 가지런하게 놓고 오쟁이 앞에 독상을 놓아주며 엄마는 한마디 건넨다.

"여기 물 먼저 마시고, 천천히 드세요."

"……"

오쟁이는 허겁지겁 먹느라 대답도 하지 않는다. 같은 마을 사람도 아니고, 몸에서는 냄새나고 존댓말도 할 줄 모르는 사람에게 정성껏 대접하는 엄마를 이해할 수 없었다.

"엄마, 저 사람은 옷도 더럽고 냄새도 나는데 마당에서 먹게 하지 왜 대청마루에 앉혀? 마루가 더러워지잖아."

"벼리야, 그러면 안 돼. 이왕 주는 거 편하게 먹을 수 있게 하면 좋잖아. 지극히 작은 자에게 한 것이 예수님께 한 것이라고 하셨잖아. 저분은 오늘 예수님으로 우리 집에 찾아오신 거야. 예수님을 대접하듯 하자."

"그래도 너무 심해. 예수님이 저러고 다니시겠어? 옷에 먼지라도 털고 다니지."

"그럴 정신 있으면 밥 얻어먹으러 다니겠어? 네가 어떻게 대하는지 보려고 오늘 우리 집에 오쟁이로 오신거야."

다른 형제자매는 오쟁이에게 정성을 다하는 엄마에게 아무런 말을 하지 않았다. 아니, 엄마의 행동에 의문을 품는 사람이 없었다. 그런데 벼리는 유난히 말이 많았다. 비위가 심히 약했던 그녀는 거슬리는 부분이 있으면 엄마를 따라 다니며 말을 해야만 했다.

"엄마, 그럼 다 먹은 그릇이랑 수저와 젓가락은 누가 닦을 건데?"

"걱정하지 마. 내가 닦을 거야."

"깨끗이 닦아. 수저와 젓가락은 특별히 더. 그리고 오쟁이가 먹은 그 수저와 젓가락은 수저통에 함께 넣지 말고 따로 보관해 놔. 다음에 올 때 오쟁이가 먹은 수저로 다시 주면 되잖아."

"그러는 거 아니라니까."

"그래도 …… 나는 그 수저 따로 보관해 놓지 않으면 밥 안 먹을 거야."

"저 사람이 오늘 예수님으로 우리 집에 오신 거라고 생각하면 축복인거야."

"깨끗하게, 냄새나지 않게 씻고 다니면 좋잖아."

"모두가 환영하는 모습으로 다니면 누군들 환영하고 대접하지 않겠어? 예수님은 환영받지 못하는 저런 모습으로도 오신다는 것을 기억해. 그래서 소외되고 외로운 사람에게 더 잘 해줘야 하는 거야"

"동냥하러 온 사람에게는 예수님이실 거라고 큰 바가지로 쌀을 다 퍼주더니 오쟁이 모습으로 예수님이 오셨을 수도 있는데 왜 그래?"

"동냥하러 온 사람은 밥을 먹고 간 게 아니고 자루에 쌀만 받아 갔잖아. 내가 하고 싶은 말은 위생에 대해서 말한 거야. 수저를 삶아서 소독하든가 따로 보관하라고."

"그건 내가 알아서 할 일이니 그만해라."

이론적으로는 엄마 말이 맞는 말이었다. 언제 어떤 모습으로 찾아오실지 모르는 일이니 언제 어느 상황에서든지 진심을 다해 섬기는 자세로 베풀면 되는 것이다. 벼리는 아직 초등학생이니 신체적, 정신적으로 미성숙하였다. 어리기도 했지만 신앙의 나이는 신체적인 나이보다 많이 어린 상태였나 보다. 엄마 말대로 하려면 아주 많이 성숙해져야 할 것 같다. 내년에 할머니 생신에는 오늘보다 좀 더 성숙해져 있을까? 최소한 엄마 꽁무니를 따라 다니며 툴툴거리지는 않을 것이라고 상상을 해보았다.

　부족하고 흠이 많지만 오늘 그녀가 있기까지 낳아주신 부모님의 기도와 가르침으로, 하늘 아버지의 끊임없는 사랑과 보살핌으로 오늘의 벼리가 형성되어졌다. 아버지는 내적갈등과 궁금증이 많은 그녀에게 늘 말씀하셨다. 아주 간단하게 "이럴 때 예수님이시라면 어떻게 하셨을까?" 그것을 생각하면 바로 정답이 나온다고 말씀하셨다. 옆에서 듣고 있던 할머니는 우스갯소리를 하셨다. "넌 궁금한 것이 많아서 먹고 싶은 것도 많겠다."라고 하시며 웃으셨다. 자신의 생각과 뜻에 하나님을 꿰어 맞추는 것이 아닌, 하나님의 시선으로 바라보고, 말씀에 비추어 자신을 바라보았을 때 자신의 모습이 어떤가를 아는 것이 바로 정답으로 가는 길이라는 것을 알았다.

　새벽마다 새벽예배를 마치고 돌아오신 엄마와 아버지가 7남매의 머리에 손을 얹고 날마다 기도하셨다. 그 기도가 밑거름이 되었으리라. 바르게 성장하여 각자 섬기는 교회의 위치에서 헌신하며 그리스도의 향기를 풍기고 있다. 쿨쿨 꿀잠을 자다가 머리 위에 손을 얹고 기도하시는 엄마, 아버지의 기도소리에 잠에서 깨어난다. 잠에서 깨고도 눈을 감고 자는 척 하다가 기도가 끝나면 속으로 "아멘"하고 이내 잠이 들곤 했다. 7남매 모두의 머리위에 손을 얹고 기도하셨는데 그녀는 자신의 기도가 끝나면 다시 잠속에 빠져들기 때문에 다른 사람의 기도소리는 듣지 못했다. 곤히 잠을 자다가도 벼리의 순서가 되어 머리에 손이 얹어지면 하늘 아버지가 깨우시는지 신기하게도 잠에서 깨어나곤 했다. 초등학교 때까지는 그렇게 엄마와 아버지의 기도를 받으며 새벽을 흔들어 깨웠다.

중학생이 될 무렵 아버지는 새벽마다 7남매를 모두 깨우셨다.
"얘들아, 일어나라." 한마디 하고는 카세트에 찬송가 테이프를 끼우고 찬송가의 볼륨을 높여 놓으면 그것이 기상나팔 소리처럼 들렸다. 하나, 둘 눈을 비비고 일어나면 아버지는 각자 찬송, 성경을 가지고 와서 앉으라고 했다. 자신의 성경, 찬송을 가지고 가정예배를 드리자고 하시는 것이었다. 세상의 어떤 향기로운 과일 맛보다 더 달콤하고 맛있는 잠을 포기하려니 벼리는 은근히 짜증이 났다. 하지만 아버지 앞에서 짜증을 부릴 수는 없는 일이다. 그녀보다 열한 살이나 어린 막내 동생도 불만 없이 예배를 드리기에 그녀는 유구무언일 수밖에 없었다. 그녀에게 있어서 아버지의 말씀은 강요하지 않지만 입술에서 떨어진 말에 대해서 거역할 수 없는 존경의 무게를 지닌 지상명령으로 알고 살아왔다.

가정예배의 가장 큰 숙제는 돌아가면서 시키는 기도였다. 단잠을 깨워 예배드리는 새벽예배의 의식 자체만으로도 만족해야 하는 거 아닌가? 라는 반문이 들었다. 성경봉독은 얼마든지 할 수 있지만 왜 아버지는 우리에게 새벽시간에 대표기도까지 시키는 걸까? 그냥 아버지가 매일 기도를 해도 되는데 굳이 우리를 시키는 이유는 뭘까? 큰 남동생은 어리지만 나중에 목회자가 될 것이니 기도 훈련을 시켜도 되지만 목회자가 될 생각이 없는 그녀는 열외당하고 싶었다. 그렇지만 누구에게도 열외는 없었다. 모두가 부담스러워하는 것을 알면서도 아버지는 기도훈련을 시키기 위해 큰언니부터 순서대로 하루에 한명씩 대표기도를 시켰다. 만일 벼리가 아버지 입장이라면 단잠을 깨우고 일어나 예배드리는 자체만으로도 자녀들을 칭찬해야 한다고 생각했다. 벼리가 어른이 되면 자녀들이 부담스러워 하는 기도는 시키지 않을 것이라고 다짐했다. 그녀는 '나라면'이라는 전제로 자녀에게 기도를 시키지 않을 것을 생각했고, 아버지는 '예수님이라면'이라는 전제로 자녀에게 기도훈련을 시키신 것이다.

 아버지는 미사여구나 기도의 길고 짧음이 아닌, 하나님과 진심이 담긴 대화를 하는 기도를 하라고 하였다. 아기가 말을 처음 배울 때 하는 말이 서툴러도 엄마 아빠는 아기가 무슨 말을 하는지 다 알아 듣는다고 하였다. 더듬거려도 하나님은 귀 기울여 들으시고 무슨 말을 하는지 다 알아 듣는다고 했다. 벼리에게 있어서 대표 기도 하는 것에 대한 제일 큰 문제는 그녀의 은밀하고 소소한 기도를 모든 가족 앞에서 큰소리로 한다는 것의 부담감과 그녀의 기도가 모두에게 공개된다는 부끄러움이었다. 그래서 어떻게 하면 건조하고 보편적인 기도가 될 수 있을까를 생각하게 되었다. 가장 간단하고 짧게 예배를 위한 기도를 하였다. 아버지는 미취학중인 막내 남동생까지 대표기도를 하도록 훈련시켰다. 기도는 하나님과의 대화이며 영적인 호흡이라고 하였다. 우리가 호흡을 하지 않으면 죽을 수밖에 없는 것 같이, 믿는 사람이 기도를 멈추면 영적으로 죽은 것이라고 하였다. 영적인 호흡을 멈추지 않아야 영이 건강하게 살 수 있다고 강조하면서 어느 곳에 있든지 기도하기를 멈추지 말도록 하였다.

아버지는 항상 자랑스럽게 이야기하였다.
"우리 자녀들은 광야에 내어 놓아도 살아갈 수 있도록 강하게 훈련이 되어 있어서 아무런 염려가 없다고. 그래서 어떤 시련이 와도, 어떤 시험을 당해도, 어떤 풍파를 겪어도 당당히 이겨낼 수 있는 내공을 지니고 있다."라고 하며 자녀들에게 자신감을 불어 넣어 주었다.

그럴 때 마다 "하나님, 저에게도 아버지와 같은 믿음을 주셔서 나중에 어른이 되었을 때 우리 자녀들에게 말씀과 기도로 훈련시킬 수 있게 해 주세요. 제 미래의 자녀를 어느 곳에 내놓아도 잘 살아갈 수 있을만한 강한 믿음을 상속하게 해 주세요."라고 기도했다. 그녀는 어린 시절부터 그녀가 기도하고 원하고 바라는 좋은 모범사례는 바로 따라하고 적용하는 따라쟁이이었다.

새벽에 그토록 일어나기 힘들어했던 그녀가 가정을 이루고 온 가족이 새벽예배에 나가서 함께 기도하였다. 어린 딸들도 순종을 잘해서 거부감 없이 새벽예배에 참석했다. 새벽예배를 마치고 통성

기도를 할 때 면 목사님께서 기도하고 있는 가정의 아이들을 한사람씩 안수해 주셨다. 벼리의 두 딸들도 새벽예배에 나갈 때마다 담임목사님께 안수기도를 받았고, 그녀의 가족은 모두 만족하며 하루를 시작했다. 마치 예수님이 새벽기도회에 함께하셔서 어린아이들을 사랑하시고 축복하신 것 같이 담임목사님은 아이들에게 안수기도로 축복을 해 주었다. 모든 일이 축복이 아닐 수 없었다.

하루 일과를 마치고 잠자리에 들기 전에 아이들과 함께 하루를 마무리하며 두 딸에게 순서대로 기도를 하게하고 그녀가 마무리기도를 했다. 아버지가 그녀에게 했던 것처럼 그녀도 자녀에게 믿음을 상속시키기 위함이었다. 어느 날 두 딸이 마무리 기도를 너무 오래 하지 말라며 반발을 했다. 이유는 엄마가 마무리기도를 오래하게 되면 기도하다가 잠이 든다는 이유였다. 충분히 설득력 있는 이야기였다. 그 이후로 최대한 간략하게 마무리기도를 하였다. 그것도 초등학교 때까지는 가능한 일이었다. 중학생이 되고 고등학생이 되니 보충수업이 있거나 학원에 간다는 이유로 함께 시간을 맞춰 기도하는 일이 어려워졌다. 공부를 한다는 이유로 함께 기도할 수 있는 시간이 점점 줄어들었다.

아이들에게 당부했다.
"기도는 꼭 무릎을 꿇고 하는 것만 기도가 아니야. 언제 어디서든지 하는 거야. 등교하면서도 할 수 있고, 화장실에 앉아 있는 시간에도 조용히 기도할 수 있는 것이란다."
"엄마, 그렇게 하는 것을 화살기도라고 했지?"

"맞아, 화살을 쏘아 올리듯이 언제 어느 상황에서든지 기도를 하는 거야."

"엄마, 난 아침에 세수하면서도 하루를 생각하며 기도해."

작은 딸 봄별이 말했다.

"나는 친구가 아플 때나 급한 일이 생겼을 때 친구들을 위해 화살기도를 해줘."

큰 딸 별람이가 거들어 말했다.

"잘했어. 기도는 영적인 호흡이라는 거 잊지 마. 특히 감사기도 하는 것을 잊지 말아야 해. 감사기도를 하면 감사가 감사를 낳아서 감사할 일이 자꾸 생기는 거야."

"알겠어."

6. 새벽을 채색하다

하나님의 말씀을 지상명령으로 여기고 살아왔다. 지금도 그렇게 말씀대로 살아가려고 부단히 노력한다. 그녀에게는 또 하나의 지상명령이 있다. 누가 그녀에게 시키거나 강요한 것이 아니다. 의견을 제시하면 존경심에서 우러나는 행동이었다. 아버지의 입술을 통해 나오는 말은 모든 것이 참이었고 진리였다. 거역할 수 없는 하나님의 말씀과 같은 무게로 받아들이며 살았다.

지금 생각하면 웃음이 절로 나온다. 초등학교 저학년 때 낱말 찾아오기 숙제가 있었다. 그녀는 노트를 들고 아버지 앞으로 가서 모르는 낱말 하나하나를 물었다. 낱말을 물으면 아버지는 곧바로 대답하였다. 10cm 정도 두께의 국어사전이 있었지만 교사 고시를 치른 아버지였으므로 사전을 찾는 것이 아니라 아버지가 얘기해 주시는 대로 받아 적었다. 아버지 머릿속에 사전보다 더 훌륭한 지식이 들어있다고 믿었다. 얼마나 티 없이 맑고 순수한 마음이었는지 지금 생각하면 웃음이 난다. 하지만 당시 그녀에겐 아버지로부터 듣는 이야기는 모든 것이 참이고, 옳고, 정답이었다. 아버지는 모든 사람이 인정해 주는 바른 사람이었으므로.

과수원 농사도 크게 짓고 있었지만, 여름에는 수박과 참외 농사를 지어 농협에 출하를 하였다. 덩굴이 뿌리에서 사방으로 번지는 수박 꽃이 필 무렵이었다.
"벼리야, 수박 밭에 있는 수박 꽃들에게 수정을 해 볼래?"
"수정은 벌들이 하는 건데 사람도 할 수 있어요?"
"물론, 할 수 있지."
"어떻게 벌이 아닌데 수정을 해요?"
"할 수 있겠어?"
"네. 알려 주시면요."
"내일 아침 일찍 밭으로 가서 수정하는 방법을 알려줄게."

아버지는 이른 아침 이슬이 내린 수박 밭으로 벼리를 데리고 갔다. 붓을 들고 벌을 대신하여 인공수정하는 법을 가르쳐 주셨다.
"잘 봐. 붓을 이렇게 들고 붓으로 꽃의 수술에 붓을 넣고 화분을 묻혀서 다른 꽃에 똑같이 붓질을 하면 인공수정이 되는 거란다. 한 번 해볼래?"
아버지가 시범을 보여주는 대로 수줍게 입을 벌린 수박 꽃의 수술에 붓을 넣어 동그라미를 그리듯 두 번 돌렸다. 화분을 채취한 붓으로 다른 꽃에 들어가서 똑 같이 붓질을 하였다.

"이렇게 하는 거 맞아요?"

"아주 잘했어."

"어때. 힘들지 않지?"

"네."

"할 수 있겠지?"

"이 정도는 충분히 할 수 있어요."

"올해 수박은 벼리 덕분에 특급 상품으로 수확할 수 있겠다. 이 수박 밭은 네가 책임지고 수정할 수 있지?"

"네. 제가 할게요. 잘 할 수 있어요."

"나중에 출하하면 네게도 수익의 일부를 배당해 줄 거야."

"네."

벼리의 솔직한 심정은 수익금을 바라지 않았다. 아버지가 농사를 짓고 특용작물을 재배하는 이유는 모두 일곱 남매를 교육시키기 위해, 장로로서 교회에서 맡겨진 사명을 다하기 위해 하는 일이므로 그녀가 할 수 있는 일이라면 적극적으로 도와야 한다고 생각했다. 아침이면 등교하기 1시간 전에 수박밭으로 가서 새벽이슬을 헤치며 벌이 된 기분으로 수박 꽃을 찾아다녔다. 연노랑의 꽃에 들어가 놀라지 않게 조심히 하나씩 붓으로 수정을 시켜주었다. 이른 아침 붓을 들고 초록색 수박 잎을 헤쳐 가며 노랑꽃에 채색하는 시간이 즐거웠다. 나름대로 미래에 대한 꿈을 설계하며 희망으로 행복하고 자부심이 충만하였다. 그녀가 아침마다 밭으로 향해 발걸음을 옮기는 발자국은 나비가 춤추듯 사뿐거렸으며, 길가의 나무와 풀들과 새들을 깨우고, 그들을 향해 손을 흔들며 인사했다.

"새들아, 나무야, 풀들아, 안녕?"

"짹짹짹 …… "

"오늘도 우리는 새로운 날을 맞았구나. 너희들 오늘 기분이 어떠니? 난 오늘도 컨디션이 최고란다."

"지지배배 …… "

"너희들도 최고라고? 좋아, 오늘 하루도 힘차게 시작하자."

자연과 인사를 나눈 그녀는 하늘을 우러러보며

"하나님, 오늘 아침에도 깨워 주셔서 감사해요. 매일 매일 새로운 날들을 선물로 주셔서 너무 감사합니다."

시선을 수박밭 구석구석을 향해 바라보며

"수박 꽃들아, 잘 잤니?"

"네, 네, 네, 네, 네,"

작은 입술을 벌려 유치원생처럼 대답하는 듯 했다.

수박 밭에 도착한 그녀가 일을 시작하기 전 가장 먼저 하는 일이 붓을 들고 양손으로 허공에 크게 물음표 하나를 그려 놓는다. 양손으로 물음표가 거울을 보듯 마주보면 하트 모양이 된다. 그것이 매일 아침 밭에서 행하는 의식과도 같은 그녀의 아침 인사법이다. 마치 지휘자가 지휘봉을 들고 지휘를 하듯 붓을 든 그녀가 자연과 소통하는 표식이다. 의식을 마치고 나면 수박 꽃들이 먼저 인사를 한다.

"안녕 반가워. 오늘 아침에도 붓을 들고 나왔구나."

"그래. 반가워. 어제보다 더 많은 꽃들이 눈을 떴구나."

"난 오늘 처음 꽃봉오리를 터트렸어." 수줍어 부끄러운 몸짓을 하는 꽃이 보였다.

"그래, 연노란 꽃이 방금 피어서 더 예쁘구나."

"호호호 … 고마워."

"그래. 오늘도 이 붓으로 너희들을 예쁘게 화장해줄 거야. 간질거려도 조금 참아라."

"알았어. 그런데 왜 매일 아침에 너만 이곳에 와?"

"궁금해? 이 수박밭은 나의 공간이야. 내가 책임지고 너희들에게 수정을 해주기로 약속 했어. 올해 수박 농사가 대풍을 이루게 할 꿈을 꾸고 이곳에 온 거야. 그래서 수박 꽃에 수정이 끝날 때까지 내가 이 밭에서 대장이야."

"어머나, 꼬마농부 대장님이네."

"내가 열심히 수정해서 최고의 상품인 수박을 맺게 할 거야. 너희들이 날 많이 도와줘야 해. 내가 너희들을 책임지도록 아버지에게 명받았어. 명을 받았다는 것은 인정을 받았다는 거야. 그래서 자부심이 하늘을 뚫는단다."

"그래, 양쪽 어깨가 하늘로 치솟은 것처럼 자신감이 충만한 모습이야."

"내가 어리지만 작은 일로라도 아버지에게 힘이 되어주고 싶어. 내가 아버지를 돕는다고 생각하니 먼저 내 자신이 기쁘고 보람을 느끼게 돼. 하나님이 지켜주시겠지만 내 손끝에 이 밭의 운명인 성공과 실패가 달려있다고 생각하니 가슴이 뛰고 짜릿한 기분이 들어."

"공감할 수 있을 것 같아."

"정말 너희들이 내 기분을 알까? 수확의 기쁨을 꿈꾸며 일을 한다는 것이 얼마나 설레고 기쁜지. 그리고 내게 이 밭의 경영이 맡겨졌다는 사실이 자랑스러워."

"혼자 일을 하는데 힘들지 않아?"

"전혀, 정말 나는 나 자신이 자랑스러워."

"아, 그렇구나."

"아버지는 내가 이 일에 가장 적임자라고 믿고 이 밭을 맡겨 주신거야. 이 밭에서 수확하는 수박은 나의 땀방울이 모여서 열매가 맺혀지고, 성장해서 땀 흘린 만큼 최상의 상품으로 결실을 맺게 할 계획이야. 그래서 작은 힘이지만 아버지를 도와서 기쁨을 안겨줄 것이야."

"착한 아이구나."

"수정하는 일을 내게 맡긴 것은 언니들이 딸기 따는 일에 적임자라 딸기 수확을 돕도록 한 것처럼, 우리 아버지가 수정하는 일에 대해서 누구보다 내가 섬세하게 잘 해 낼 것 이라고 신뢰한다는 얘기야. 그래서 난 일을 하면서도 기쁘고 즐겁게 할 수 있어. 일을 해 본 사람만이 수확의 기쁨을 누릴 자격이 있다는 것이지."

"수확한 후에 네게도 수익금을 나눠주겠다는 말을 믿어?"

"응. 우리 아버지는 약속을 지키는 분이야."

벼리는 아버지가 수익금을 주겠다고 했을 때 주저하지 않고 바로 "네" 라고 대답은 했지만 수익금은 바라고 하는 일이 아니었다. 순수한 마음으로 애쓰시는 부모님을 돕고 싶은 마음에서 자원하였다. 수익금은 결국 가족과 자녀들을 위해, 하나님 나라를 위해 사용하는 것이니까 그녀가 바라는 것은 수박들이 예쁘게 잘 자라서 모양도 예쁘고 당도도 높은 특급 상품으로 애쓴 만큼 가격을 잘 받길 바라는 것이 그녀의 바람이었다. 조금이라도 힘을 보태 부모님을 돕고, 자녀로 인해 보람을 느끼고, 기쁨을 안겨 드리고 싶은 순수한 마음이었다.

"넌, 효녀구나."

"효녀까지는 아니고 부모님으로부터 물려받은 긍정적인 유전자 덕분이야. 내가 도울 수 있는 일이라면 언제라도 부모님께 힘이 되고 싶어."

매일 아침 옅은 안개가 걷히며 알싸한 맛이 나는 청량한 공기를 폐 속 깊숙이 들이마셨다. 복부 깊은 곳에서 퍼 올린 호흡을 길게 내뿜었다. 새들의 노랫소리를 들으며 콧노래도 부르고, 수박 꽃들과 나누는 매일 아침의 대화가 즐겁고 상쾌했다. 오른손에 붓을 들고 아침을 채색하며, 왼손으로는 수박줄기에 맺힌 꽃들과 잎들을 어루만지며 많은 이야기를 나누었다. 한참을 채색하고 대화하다 보면 시간이 가는 것도, 심심한 것도 모르고 시간이 빠르게 지났고, 일에 집중할 수 있었다. 1개월가량 수박 꽃과 대화를 나누며 붓질을 하고 나서 그녀의 임무는 끝이 났다. 탁구공 만하게 맺힌 수박들을 바라보면 수박 꽃들과 함께 나누었던 문장들이 동그란 수박 안에 도란도란 모여 이야기 하고 있는 것 같았다. 벼리가 수박을 향해 쏟는 애정은 어른이 자녀를 향해 쏟는 애정과 다를 바 없을 것이라고 생각했다. 그해 수박 농사는 대풍작을 이루었다. 아버지는 신협에 벼리 통장을 만들어 입금해 주었다고 했다. 만들어 준 통장을 보고 싶다거나, 통장에 얼마를 넣었는지도 묻지 않았다. 아버지는 벼리의 통장을 만들면서 뿌듯함을 느꼈을 테니까. 통장에 넣은 수익금은 내 것이 아니라고 생각했다. 나중에 아버지에게 그대로 돌려줄 것이기 때문이다. 기쁨은 내가 상대에게 아낌없이 나누어 줄 때 상대방도 다른 사람에게 흘려보내는 것이어서 돌고 돌아 세상이 밝아지는 것이라고 벼리는 생각했다. 그녀가 돈에 대한 욕심이 없었던 것은 아니다. 용돈을 사용할만한 사용처가 없어서 용돈을 별도로 받지 않았다. 벼리가 용돈을 받는 방법은 심부름 후 잔돈을 용돈으로 받았다. 그래서 푼돈에 대해 욕심이 많았지만 단위가 큰돈은 부모님의 돈이 되어야 한다는 확고한 신조가 그녀에게는 뿌리 깊게 자리하고 있었다.

깊은 속을 모르는 그녀에게 언니들은 욕심이 하늘을 찌른다고 했다. 용감하게도 그녀는 그 시절에 아버지에게 수박밭을 자신에게 유산으로 물려달라고 하였다. 그 말을 들은 언니들은 눈이 휘둥그레졌다. 그리고 언니들로부터 쏟아지는 비난의 소리를 들어야 했다.

"이상하다. 넌 아들도 아니고 딸인데도 어떻게 유산상속을 해달라고 해?"

"쟤는 우리 식구가 아닌가봐. 쟨 돌연변이야."

"어떻게 그런 요구를 할 수 있어?"

"왜? 내가 뭘 잘못했어?"

"응. 잘못했지. 아주 많이."

"난 내가 뭘 잘못했는지 모르겠어."

"넌 딸이잖아. 딸은 상속받지 못해."

"딸, 아들이 어디 있어?"

"남동생들 줘야지. 누가 딸들한테 유산 상속을 해?"

"난 딸이어도 우리 집에서 가장 가까운 수박 밭을 유산으로 받고 싶어."

"여자는 상속권이 없는 걸 몰라?"

"우리 아버지는 줄 것 같은데 … "

"아버지 처분을 바라는 게 아니고 네가 마음을 비워야지."

"아버지, 나중에 저도 땅 하나 물려주세요. 제 이름으로 된 땅을 꼭 갖고 싶어요."

아주 먼 미래에 대한 이야기인지라 유산상속의 요구에 대해 아버지로부터 대답을 들은 기억이 없다. 다만 일방적으로 가족 모두에게 벼리의 소신 있는 발언을 했을 뿐이다. 당시에는 딸들에게는 상속권이 없었다. 정말로, 진심으로, 간절히 어린 시절부터 벼리는 자신의 이름으로 등기된 땅을 갖고 싶었다. 이유는 알 수 없으나 어린 나이에도 땅에 대한 욕심이 많았다. 그녀의 아버지는 생전에 유산상속을 하지 않고 1994년에 천국으로 가셨다.

벼리는 성인이 되어서도 땅에 대한 욕심을 버리지 않았다. 입버릇처럼 양수리 강변에 땅을 사고야 말 것이라고 선언하였다. 꿈을 현실로 이루기 위해 북한강변의 땅을 보러 다녔다. 강변의 땅은 평당 백만 원이 넘었다. 강가는 아니고 산속으로 들어가 땅을 보았지만 적합한 땅이 아니었다. 그때쯤 상도동 아파트를 분양받고 직장과 거리가 멀어서 새집에서 하루도 살아보지도 못하고 전세를 주다가 매매하기 위해 부동산에 매물로 내놓았다. 상도동 아파트를 매매하여 농지를 사보겠다는 계획이었다. 그런데 부동산에서 갑자기 전화가 왔다.

"사모님, 아파트에 압류가 들어와 있는걸 아세요?"
"네? 무슨 말씀을 하시는지 모르겠어요."
"등기를 열람해 보니 보증보험회사에서 아파트 압류를 했어요."
"얼마나요?"
"삼천오백요 … "
"일단 알겠어요, 매수자가 있으면 매매 계약해 주세요."
"매도되는 동시에 압류된 돈을 갚으셔야 하는 거 아시죠?"
"네. 알겠습니다."

부동산이 침체될 대로 침체되어 전혀 매기가 없었다. 일억이천만 원 분양가와 거의 같은 가격으로 매도하였다. 압류 금액과 압류 후 발생한 이자와 비용을 제한 나머지 돈을 받으니 아파트만 한 채가 부서지고 가루되어 사라졌다. 32평 아파트 한 채의 돈은 손바닥 안에 담겨 움켜쥔 모래알처럼 여기저기로 빠져 나갔다. 아파트 한 채가 조각이 나고 가루가 되어 날아가면서 양수리 강변에 부동산을 사고야 말겠다는 꿈도 함께 부서져 사라졌다.

몇 해 전 영별이네가 사업을 시작하면서 보증을 서 달라고 하여 보증을 선 적이 있었다. 사업이 불같이 일어나 번창하기를 바라며. 1차 보증인은 영별이의 시숙. 공무원으로 근무하는 시숙이 서고, 2

차 보증을 벼리가 섰던 것이다. 보증이란 것은 직접 본사에 선 것이 아니라 보증보험을 가입하여서 서는 형태였다. 위험성이 전혀 없다고 생각한 보증이었다. 보증보험회사에서 보증보험 가입을 위해 인보증을 세워야 한다고 했다. 보증을 서는 것을 안 언니들이 말렸다. 보증은 함부로 서는 것이 아니라고. 만류에도 벼리는 영별이네 사업이 잘 되길 바라고, 별일 없을 것이라며 보증을 서준 것이다. 1차 보증인이 갚지 못할 때 2차 보증인에게 책임을 묻는다고 하였다. 문제가 생기면 1차 보증인인 공무원인 영별이 시숙에게 압류가 들어가고 책임을 묻게 된다고 하였다. 그러니 보증을 서줘도 문제 생길 일은 전혀 없다고 영별이 남편이 장담하였다. 아무 문제 없길 바라고, 사업이 번창하길 바라며 시원스럽게 보증을 서줬다.

부동산에서 전화를 받기 1년 전부터 시간이 될 때마다 부동산을 구입하기 위해 양수리와 서종으로 땅을 보러 다녔다. 아파트에 압류가 되었다는 연락을 받고 나서 벼리는 자신의 이름으로 된 땅을 사고야 말겠다는 모든 꿈을 접고 열심히 살았다.

벼리의 땅을 향한 꿈은 32평 아파트와 함께 사라졌다며 포기했던 꿈이 한 순간 거짓말처럼 이루어졌다. 부모님으로부터 땅을 상속받은 것은 아니다. 믿음은 바라는 것들의 실상이라고 했다. 그토록 원하던 농지를 2003년에 경기도 양평에 그녀 자신의 힘으로, 자신의 이름으로 마트에 가서 물건을 고르듯 바로 농지를 구입했다. 그녀가 그토록 바라고 원하던, 부지깽이라도 꽂을 만한 자신의 이름으로 등기가 된 땅을 구입한 것이다. 우연이 아닌 하나님의 인도

하심이었다. 직장에서 함께 근무하던 동료와 대화 중에

"저는 한때 양평에 땅을 갖고 싶다는 꿈을 꾸며 살았어요. 이제는 모든 꿈을 접었지만요."

"왜 꿈을 접었어요?"

"보증을 섰는데 잘못되는 바람에…"

"그래서 상도동 아파트를 매도한 거에요?"

"매물로 내놨다가 알게 되었고, 팔아서 갚아주니까 다 부서져서 사라졌어요."

"어머, 그래서 꿈을 접었군요."

"네. 아쉽지만요."

"양수리에 아주 싸게 분양하는 땅이 있다고 하던데."

"싸도 얼마나 싸겠어요. 제가 몇 해 전에 땅을 보러 다녔는데 만만치 않아요."

"제 친구가 싸게 분양받았다고 했어요. 현장에 가서 보실래요?"

"그럼, 한번 가볼까요?"

벼리는 퇴근 후에 동료가 소개한 동료 친구와 함께 분양사무실에 찾아갔다. 현장에 가보니 동료가 말했던 금액과는 많은 차이가 있었다. 앞의 한 자리 숫자를 빼고 마지막 자리만 말한 것이었다. 현장을 돌아보는 동안 머릿속에서는 계산기가 쉼 없이 숫자를 두들기고 있었다. 그녀의 두뇌가 먼저 구입자금을 계산하는 중이었다. 원하던 강변은 아니지만 계곡 옆의 가장 맘에 드는 곳을 마음속에 찍어 놓았다.

"계곡 옆 이 땅은 분양이 완료 되었나요? 지도를 짚어 물었다.

"아뇨. 아직 분양되지 않았습니다."

"평당 얼마에요?"

"25만 원요."

"몇 평인가요?"

"364평입니다."

"혹시 가장 조그만 임야가 있을까요?"

"임야는 모두 분양 끝났습니다."

"임야는 얼마에 분양했어요?"

"20만 원요."

"임야가 있으면 임야도 조그만 걸로 사고 싶은데 안 될까요?"

"임야는 전혀 없어요. 그런데 왜 임야를 찾으세요?"

"조그만 임야를 사서 토목공사를 하고 농지로 전환하고 싶어서요. 토목공사 한 흙은 구입할 농지에 사용하려고요."

"임야는 아니지만 옆에 붙은 땅을 조금 싸게 분양해 드리면 어떨까요?"

"그 땅은 제가 사려는 땅과 맞지 않아서 별 매력은 없지만 임야 가격에 주실 건가요?"

"그렇게는 안 되고 조금 깎아드리려고요."

"임야가 없으면 364평 농지만 구입하겠습니다."

쇼핑센터에 가서 진열된 상품을 쇼핑하듯 그렇게 분양하는 현장의 땅을 둘러 본 다음 바로 농지를 계약하였다. 농지는 전(田)으로 되어 있었다. 마침 통장에 계약금 치를만한 돈 천 만원이 들어 있어서 폰뱅킹으로 바로 지불하고 계약서를 작성하였다. 잔금까지도 다 융통할 수 있는 길을 열어주신 하나님 아버지, 동료를 통해 서종에 분양하는 땅이 있다는 정보를 듣게 하셨고, 바로 현장으로 인도하셔서 땅을 보는 순간 그 자리에서 농지를 계약하게 하였다. 어린 여자아이가 붓을 들고 새벽을 채색하며 그토록 부르짖었던 부지깽이 하나 꽂을 수 있는 땅. 그런데 부지깽이 천개도 더 꽂을만한 땅을 벼리가 43세 되던 중년의 나이에 마련하였다.

그녀 부부는 각자의 직장에서 정년퇴직을 하였다. 은퇴 후 지금은 주말을 제외한 평일에는 벼리의 남편 놀이터가 되어 있다.
고추, 상추, 배추, 가지, 호박 ……
전원에서 마음속에 꿈꾸던 식물과 나무, 야채들을 파종하고 수확의 기쁨을 누린다. 수확하여 이웃과 나누는 일도 큰 일거리이다. 올해도 잦은 비로 고추농사가 잘 되지 않았다. 겨우 그녀 가족만 먹을 수 있는 만큼 수확되었다. 농장에 갈 때마다 그녀가 가장 안타까운 것은 고추이다. 정성껏 농사를 지어 추수할 때쯤 되면 장마철이 된다. 하늘을 가릴 수도 없는 잦은 비로 고추는 탄저병에서 자유로울 수 없었다. 하나님은 그녀의 고추밭에 탄저병 보다 더 급한 일이 있으셨으리라. 인간에게 하나님의 위대하심을 깨닫고 찬양하게 하려함 일 것이다.

튼실하게 열린 붉은 고추마다 까만 점이 생기는 탄저병에 전염되면 속수무책이다. 힘없이 떨어지는 고추들을 바라보면 가슴이 타들어간다. 내 마음이 이리 아프면 가꾸고 정성을 들인 사람의 마음은 오죽하랴.

"아깝다. 좀 더 부지런히 돌봤으면 탄저병이 걸리지 않았을 것을 … "

"내년엔 당신이 농사를 지어봐. 내가 교회에서 봉사할 테니… "

속으로만 울림이 없는 큰 소리로 외친다. "(방금 내가 한 말 취소!)"라고 외쳐 보지만 이미 상처받은 벼리의 남편 마음에는 아무 것도 보이지 않고 들리지도 않는다.

가슴속에 타오르던 속상한 불씨가 급발진하고 브레이크로 제어할 틈도 주지 않고 상대방에게 튀어 나갔다. 무언가 가꾸고 정성을 들인다는 것은 부모가 자녀를 돌보듯 온 마음을 담고 정성을 담는 일이다. 결코 쉬운 일이 아니다. 자신의 몸과 마음과 혼까지도 함께 넣어서 가꾸는 것이다. 그러므로 함부로 평가해서는 절대 안 될 일이다.

하나님이 그녀에게 향한 마음이 이럴 것이라고 하였다.

그녀 부부가 농작물을 가꾸고 바라보고 거두는 마음보다 우리 영혼에 천배 만 배 더 정성을 들여 가꾸고 계신다는 것을. 그럼에도 불구하고 때때로 잊고 곁길로 갈 때가 많다고. 잦은 비가 고추를 병들게 하듯, 죄악이 삶속 깊숙이 찾아와 배회하고 흔들지라도 우리 영혼에 탄저병이 걸리지 않게 말씀으로 매일 소독하고, 찬송과 기도로 무장하여 영혼에 나쁜 바이러스가 파고 드는 일을 만들지 말아야 한다고 목소리에 힘을 준다.

7. 배우자를 위한 기도

장녀 인별이 언니가 학교를 졸업을 하고 취업전선에 나섰다. 시골에서는 일자리를 찾아 대부분 서울로 상경한다. 인별이 언니도 서울에 직장을 구해서 서울로 떠나야했다. 언니가 서울로 떠나기 전 하루는 아버지가 일곱 명의 자녀들을 모아 놓고 말씀하셨다.

"너희들이 어느 곳에 있든지 하나님이 너희와 함께 동행한다는 것을 기억해라. 우리가 골방에서 홀로 기도하고 있을 때도 하나님은 그곳에 함께 계셔서 들으시고 기도에 응답하신다."

아버지는 질문을 하셨다.
"호흡을 중단하면 살 수 있을까 없을까?"
"호흡을 못하면 죽죠."

"그래, 호흡을 하지 않으면 결국 숨을 거두게 되지. 내가 너희에게 하고 싶은 말은 기도는 영적인 호흡이라는 것을 기억하라는 거야. 밥 먹을 때나 걸을 때나 버스를 타고 이동할 때나 언제든지 숨은 쉬어야 하는 거야. 영적인 호흡이 멈추지 않도록 늘 기도에 힘쓰고, 매끼 밥을 챙겨 먹듯 영의 양식인 말씀을 읽고 묵상해야 해. 우리 가족은 모두가 찬양을 좋아하니 강조하지 않아도 되겠지만 찬양은 곡조 있는 기도야. 찬양으로도 우리가 기도를 할 수 있다는 걸 잊지 말고 늘 찬양하는 생활을 하도록 해라."

"네"

덧붙여 말씀을 하셨다.
"오늘 너희들에게 선포할 것이 있다."
"뭔데요?"
"우리는 딸이 5명이나 되고, 아래로 아들이 2명이 있잖아."
"맞아요."
"먼저 자녀를 출가시킨 사람들이 말하더라. 딸을 시집보내려면 기둥뿌리가 흔들린다고. 남동생이 아래로 두 명이 있으니 딸들 다섯 명을 결혼시키다 보면 맨 아래 남동생들 교육에 지장이 생기지 않겠어? 그래서 말인데 처음 직장에 나가게 되는 장녀 인별이 너부터 봉급 받아서 집으로 송금할 생각하지 마라. 제일 먼저 십일조를 하나님께 바치고, 자신이 능력껏 저축을 해서 그 저축한 돈으로 혼수를 준비해서 결혼하는 걸로 하자."

"좋아요. 그럼 나중에 혹시 취업 못하는 사람은 어떻게 해요?"
벼리가 물었다.

"못할 사람 누가 있을까?"

"저도 학교 졸업하면 바로 좋은 직장에 취업할거에요. 인별 언니는 봉급 받는 대로 저축하면 부자 되겠네."

"나도 학교 졸업하면 빨리 취업해야지."

이구동성으로 학업을 마치면 모두 취업을 하겠다고 했다.

"자신의 능력대로 혼수를 해가면 불만이 없을 거야."

아버지가 말씀하셨다.

"맞아요. 저축한 만큼 능력껏 준비해서 결혼하겠어요."

아버지는 잠시 후 다시 입을 열었다.

"그리고 또 한 가지. 배우자를 위해서 미리 기도로 준비해야 해." 말이 끝나기 무섭게 한바탕 폭소가 터졌다.

"아버지, 그건 큰언니에게만 해당되잖아요."

"왜?"

"우리는 아직 어려요."

"그러니까 미리 평생을 함께 할 배우자를 위해 미리 기도로 준비하라고 하는 거야."

"네."

"하루 이틀 살 것도 아니고 평생을 함께 살아야 할 사람이잖아? 지금부터 배우자를 위해 구체적으로 기도해야하는 거야. 엄마, 아버지는 너희들 배우자에 대해서 너희 의견을 최대한 존중할거야. 하지만 딱 한 가지 요건만 충족하면 돼"

"그게 뭔데요?"

"믿음의 배우자. 예수 믿는 가정에서 신앙생활하며 자란 자녀"

"당연하죠. 배우자는 예수 믿는 사람이어야 하죠."
"그래. 그 마음이 변치 않도록 기도해라."

그랬다. 폭소를 터뜨리며 웃고 떠들며 보낸 시간이었다. 하지만 가슴 한쪽에서 내게 맞는 배우자로 적합한 사람은 어떤 사람일까를 생각하는 짧지만 의미 있는 시간이었다.

벼리에게 어떤 사람을 배우자로 보내주실 것인지 생각해 보았다. 일단 성격이 급하거나 우락부락한 사람은 단언컨대 절대로 벼리의 배우자감이 될 수 없다. 일단 인상이 선해 보여야 한다. 따뜻한 이미지의 호감 형에 이목구비가 시원시원하고 잘 생기면 더욱 좋겠다. 피부는 나만큼은 아니어도 깨끗한 피부를 부모님께 물려받은 사람이면 좋겠다. 신장은 크면 좋겠지만 최소한 173cm 이상이면 잘 어울리겠다. 부모님과 온 가족이 신앙생활을 한다면 화목한 가정이 분명할 것이다. 그리고 흔들림 없는 신앙을 소유했을 터이니 이정도면 그녀 배우자감으로 딱 좋을 것 같다. 생활력이 있어야 가족을 부양할 수 있겠다. 서울에서 화이트칼라로 좋은 직장에 근무하면서 많은 봉급을 받으면 얼마나 좋을까? 게다가 시골에 부모님 땅이 있으면 금상첨화겠다. 나이는 2살부터 최대 5살 연상의 사람이면 좋겠다. 이런 사람이 배우자가 된다면 하나님께 베리베리 땡큐죠. 이정도 사람을 원한다면 제가 욕심을 부리는 건가요? 어쨌든 지금 현재는 이런 사람을 원해요. 제가 자라면서 기도 내용이 조금 달라질 수도 있다는 것도 기억하셔야 해요. 하나님, 오늘은 제 미래의 배우자에 대한 생각은 여기까지만 할게요.

결과적으로 7남매의 배우자 모두는 믿음의 자녀로 열심히 신앙생활을 하며 살아가고 있다고 했다. 자신의 대 뿐만 아니라 믿음의 유산을 자녀와 자녀의 자녀까지 상속시켜 5대째 믿음의 대를 이어가고 있다.

생애 처음으로 아버지의 지상명령을 어겼다. 중학교 1학년 때의 일이다.

아침을 먹고 아버지는 자전거 뒤에 물건을 실을 수 있는 큰 자전거에 나무상자로 된 20kg의 복숭아 두 상자를 싣고 교회로 가시면서 부탁하였다.

"성경, 찬송은 여기 놓고 갈 터이니 벼리 네가 가지고 10시까지 교회로 와라."

" … (어휴, 왜 또 나야?)"

"늦으면 안 돼. 10시부터 내가 예배를 준비하는 성경공부를 진행해야 하니 시간 꼭 지켜서 와야 해."

" … (에휴, 복숭아를 조금 덜 가져가더라도 아버지가 직접 가지고 가면 되지요.)"

매번 그녀에게 심부름을 시키는 것이 싫었다. 마음속에서 자신과의 싸움을 하고 있는 동안 시간이 훌쩍 흘러갔다. 엄마는 "벼리야, 아까 아버지가 10시까지 성경책을 가져다 달랬는데 왜 출발하지 않아?"라고 재촉했다. 아버지가 책이 없어서 못하면 다른 사람이 하겠지 라고 생각하지만 마음은 천근만근이었다. 어떻게든 좌불안석의 마음을 달래려고 애쓰며 엉덩이를 바닥에서 떼지 못했다.

마음속에서 갈등을 하는 동안 시간이 흘러 9시 50분이 되어서야 집에서 출발했다. 4km나 되는 거리인 교회에 10시까지 도착하려면 벼리가 새가 되어서 날아간다고 해도 날개에 무리가 생기겠다. 이유야 어쨌든 허겁지겁 무거운 성경, 찬송을 들고 교회에 갔다. 도착한 시간이 10시30분이었다. 교회에 가까워질수록 마음이 불안해졌다.

"몰라, 다른 수가 있겠지." 스스로 위로를 하며 목적지에 도착했을 때 아버지 얼굴은 내게 많이 실망하고 화가 나 있었다.

"싫으면 싫다고 얘기를 했어야지."

" …… "

"중요한 일을 그르쳤잖아."

" …… "

고의는 아니었다. 의도치 않게 아버지를 곤경에 빠뜨려 죄송했지만 잘못했다는 말은 하지 않았다. 일생일대에 아버지 말씀에 불순종하는 불효를 저질렀다. 벼리의 불찰로 아버지를 곤혹스럽게 했다. 그것도 경건한 예배에 관련되어 아주 난처한 상황에 빠뜨리고 만 것이다. 절대 계획하거나 의도한 것은 아니었다. 아버지에게 난처한 상황이 될 것이라는 생각은 상상도 하지 못했다. 무책임하게도 어떻게든 될 것이라는 막연한 생각을 했다. 정말 중요한 일이라면 복숭아 상자 위에 책을 올려놓고 가야 하는 것이 맞는 것 아닌가란 생각을 했기 때문이다. 그리고 엄마도 교회에 가고, 언니들도 모두 예배를 드리기 위해 교회에 가는데 30분 먼저 가야 하는 자리에 왜 꼭 벼리를 지목하여 부탁을 하신 것인지 그때도 그랬고 지금까지도 이해가 되지 않는다. 키 작고 힘이 제일 약한 내게. 이유라면 너무 몸이 가벼워서 행동이 빠르다는 것과 아버지 말씀이라면 하나님 말씀처럼 순종하고 따랐기 때문이라고 유추해 볼 수 있다.

계절이 바뀐 후 어느 가을 날 저녁을 먹고 나서 가족이 모두 모여 각자의 일을 하고 있을 때 아버지가 또 그녀의 이름을 불렀다.
"벼리야,"
"네?"
"저기 책상 위에 있는 책 좀 가져다줄래?"
말이 입에서 나와 땅에 떨어지기도 전에 무서운 속도로 책상 위에 있는 책을 곧바로 아버지께 가져갔다.
"고마워."
오늘은 이 문제를 꼭 짚고 넘어가야 하겠다는 생각이 들었다.
"아버지, 할 얘기가 있어요."
"그래. 얘기 해봐."
"아버지 머릿속에는 제 이름 하나만 저장되어 있어요?"
"갑자기 그게 무슨 소리야?"
"궁금한 게 있어요. 심부름 시킬 때 왜 매번 제 이름만 부르세요?"
"왜 너만 부른다는 거야?"
"방금 전에도 제 이름을 불렀잖아요."
"그게 뭐가 문젠데? 이름 부르면 안 돼?"

"심부름 시킬 때 맨날 제 이름을 불러서 저만 시키잖아요."
"그랬어? 네가 심부름을 잘 하니까 부탁한 거야."
"그래요?"
"응."
"아버지, 부탁이 있어요."
"무슨 부탁?"
"아버지 머릿속에서 제 이름을 삭제해 주세요."
"그건 또 무슨 말이야?"
"제 이름이 지워지면 심부름시킬 때 다른 사람 이름을 부르겠죠."
"심부름 시키는 것이 그렇게 싫었구나."
"싫다기보다 매번 제 이름만 부르니까 다른 사람 이름도 부르라고요."

철이 없었다. 어린 시절 아무렇지도 않게 웃으면서 투정 섞인 말을 했지만 어마어마하게 무서운 말이 아닐 수 없다. 아버지 기억 속에서 이름이 지워진다는 사실이 얼마나 무서운 일인가. 육신의 아버지가 매일 새벽마다 벼리의 이름을 부르며 하늘 아버지께 간구하는 기도를 해주시는데 이름이 잊혀지거나 지워진다면? 벼리를 통해 하나님이 계획하신 일들이 이루어지며 일생의 평안과 축복과 영혼과 범사가 잘되어 하나님께 영광 돌리는 삶이 되도록 간구하는 기도를 받지 못한다는 얘기다. 단순히 심부름의 차원이 아닌 하나님 아버지와의 관계도 틀어져 하나님께 영광 돌려드릴 기회와 축복 받을 권리를 잃게 된다는 것은 상상조차 하지 못했던 것이다. 철없이 웃으면서 얘기했지만 아버지는 심부름하기 싫어서 하는 이야기인 것을 알고도 모르는 척 넘어가셨다. 그 후에도 아버지는 여전히 벼리의 이름을 부르셨다. 감사하게도 아버지 기억 속에서 한 순간도 벼리의 이름을 삭제하거나 잊은 일이 없었던 것이다.

근무시간에 전화가 왔다.
"벼리야, 너 만나는 사람 있어?"
H는 오전 11시쯤 직장으로 전화를 했다. 그리곤 앞뒤 사정은 모두 생략하고 본론부터 얘기했다.
"네? 무슨 말씀이신지요?"
"아, 놀랐구나. 좋은 사람이 있어서 중매하려고."
"만나는 사람 없는데요."
27세 되던 3월 초 지인 H로부터 맞선을 주선 받았다. 통화를 마치고 기분이 묘했지만 혼기가 찼으니 맞선을 보긴 해야 한다.

그녀의 엄마는 딸들에게 당부했다. 엄마는 둘째 며느리임에도 할머니를 모시고 살았다. 그래서인지 딸들의 결혼 대상자에 대해서 두 가지를 피하라고 하셨다.
첫째는 장남이 아니었으면 좋겠다. 어른을 모시고 사는 일이 힘든 일이야.
둘째, 시골에서 생활하는 사람이 아닌 도시에서 생활하면 좋겠다. 장남이 아닌 도시 사람과 결혼하라는 것이었다. 지극정성으로 할머니를 모셨지만 딸들에게는 당신과 같은 불편한 환경을 만들어 주고 싶지 않은 바람이었을 것이다. 첫째 딸 인별이부터 셋째 딸 광별에 이르기까지 다 엄마의 바람대로 되었다. 그런데 벼리에게 맞선 남으로 다가 온 사람은 장남이었다. 그래서 벼리는 부모님께 말씀드렸다.

"맞선 볼 사람이 장남이라는데 어떻게 할까요?"

"어떤 사람인데?"

"제가 기도하던 사람과 많이 일치하는 것 같은데 장남이라 어떻게 해야 할지 모르겠어요."

"네 생각은 어때?"

"저는 장남이어도 상관없다고 생각해요. 우리 엄마 아버지에게 하듯이 시부모님을 대하면 되는 거 아니에요?"

"너는 어려서부터 인정도 많았고, 어른을 공경하는 마음도 컸고, 성격도 느긋하니까 큰며느리로서 역할을 충분히 감당하며 가정을 이끌어갈 수 있을 거야."

"형제자매가 많으면 맏이 노릇 하기 어렵겠지만 남동생 하나밖에 없으니 시댁의 대소사는 동생이 없다 생각하고 제가 시댁 일을 다 하면 될 것 같긴 해요."

"아버지가 생각해도 너는 충분히 큰며느리 역할을 감당할 역량이 된다고 생각해."

그동안 대기업과 공사에 근무하는 사람들을 맞선상대자로 만나 보았다. S사 과장으로 근무하는 사람 K는 예수는 믿지만 모든 가족들이 믿음생활을 하는 것이 아니었다. 믿음의 기초가 전혀 없는 것이 대화를 할수록 느껴졌다. 믿음의 연조가 짧아서 언제 믿음이 흔들릴지 모르는 사람 같았다. 특히 9남매 중 셋째 아들이라 가족의 대소사로 몸살을 앓을 것 같았다. 하나님이 그녀를 위해 준비해 놓은 사람 같지 않아서 세 번 만나고 더 이상 만남을 이어가지 않았다.

L사 디자인팀에 근무하던 사람을 만났다. 본인은 물론 모든 가족이 신실한 신앙생활을 하는 사람이었다. 대기업의 디자인업무를 담당한 사람이라 패션 감각이 있고, 멋을 아는 사람이었다. 아무거나 걸쳐도 멋있어 보이는데, 귀티가 나며 호감이 가는 스타일이었다. 서로 호감을 가지고 만나고 있을 때 만남의 횟수가 늘어갈수록 남자의 엄마가 우리 사이에 끼어들었다.

"우리는 아가씨가 너무 마음에 드는데 우리 BY랑 결혼 할 거죠?"

"아직 더 만나봐야 할 것 같아요."

"우리 아들 BY 생각도 그렇고, 나도 아가씨가 너무 마음에 들어요. 그러니 우리 빨리 결혼하는 걸로 해요."

"네? 아직 호감을 가지고 만나고 있는데...."

"서로 호감이 있으면 됐지 중매인데 뭘 더 기다려요."

"그래도 좀 더 시간을 갖고 싶어요."

"결혼하면 아가씨 원하는 대로 다 해줄게요. 결혼 후 직장을 다닌다고 하면 직장을 다닐 수 있게 살림도 다 해주고, 직장 그만두고 집에서 살림하고 싶으면 살림만 해도 좋아요. 그리고 직장을 다녀서 맞벌이를 한다면 나중에 아이들까지 다 내가 돌봐 줄게요. 그러니 좋은 결정을 내려주세요."

"네. 곧 결정하겠습니다."

맞선볼 때 보았던 인상이 시원시원한 여장부 같은 모습이었다. 역시 성격이 시원스럽고 결단력이 빨랐다. 속도는 번개처럼, 속전속결의 성격이었나보다.

그 후 중매자를 통해 연락이 왔다.

"맞선을 보면 'Yes'냐 'No'냐를 빨리 결정해야 해요. 맞선은 연애처럼 시간을 길게 잡으면 안돼요."

천천히 서로를 알아가며 만남이 지속되길 원했지만 남자 쪽 엄마는 'Yes'를 재촉하기 시작 했다. 'Yes'를 강요하듯 재촉하는 언어들이 어깨 위에 바윗돌을 짊어진 것 같은 큰 무게로 다가왔다. 뭔가 서둘러야 하는 문제가 있는 사람인가? 라는 부정적인 생각까지 하게 되었다. 빠른 결론을 원한다면 더 만나보고 싶어도 당장 할 수 있는 대답은 'No'라고 밖에 할 대답이 없었다. 중매자에게 'No'라고 답을 주자 다시 BY의 엄마로부터 전화가 왔다.

"잘 생각해봐요. 우린 아가씨가 우리 가족이 되면 너무 좋을 것 같아서 빨리 답을 달라고 했어요. 좀 더 생각을 해봐요."

"......."

"아휴, 좋은 답을 주지 그래요."

"......."

"우리 아들이 어디가 싫어요?"

"중매하신 분께 말씀드릴게요."

그녀는 중매를 통해 연애기간을 갖고 싶었던 것이었다. 하지만 중매에서는 절대로 기간을 길게 잡아서는 안 되는 것이 철칙이라고 하였다.

여장부 같이 시원시원한 엄마였지만 아들 일에 넘지 말아야 하는 선을 넘어도 한참 넘은 것이다. 서둘러 아들을 결혼시키고 싶은 엄마의 사랑이 아들의 배우자를 선택하는 일에 방해가 되어 아들을 마마보이로 보이게 했다.

중매를 주선한 분에게 전화가 왔다.

"잘 좀 해보지 … "

"시간을 주면 되는데 너무 서둘러서요."

"원래 중매는 세 번 만나면 답을 줘야 해요. 3개월이면 시간을 아주 많이 준거에요. 사람 괜찮은데 어떤 부분이 싫어요?"

"남자 쪽에서 싫은 이유를 물으니까 … 그냥 키가 좀 작아서 싫어한다고 말씀해 주세요."

BY씨의 키가 결코 작은 것이 아니었다. 현재 살고 있는 남편의 키와 같으니까. 상대방 쪽에서 볼 때 그녀가 지극히 이기적이겠지만 그녀의 솔직한 심정은 연애하듯 유유자적하게 시간을 갖고 천천히 연애감정을 느끼며 결혼하고 싶었다. 그런데 남자 쪽에서는 많이 급했나보다. 바로 답을 달라고 재촉하니 귀찮아서, 키가 작아서 만나지 않겠다는 억지 대답을 해준 것이다. 그녀가 가장 답답하게 생각한 것은 맞선을 본 BY씨 당사자가 그녀의 감정을 살폈어야 했다는 것이다. 자신이 놓치고 싶지 않은 상대라면 어머니를 설득하여 시간을 늦출 수도 있는 것이었다. 그럼에도 불구하고 어른이 된 후에도 주도적으로 자신의 결혼에 대한 의견을 엄마에게 강하게 피력하지 못한다는 것에 약간 실망했다. 맞선을 보면 빨리 결혼을 해야 한다는 엄마의 생각에 휘둘리는 것 같아 마마보이라는 결론에 이르렀다. 마마보이는 여자들에게 결코 환영받을 수 없는데 … 그 사람은 그 사실을 알고 있는지 모르고 있는지 스쳐 지나간 사람이니 그녀가 알든 말든 참견할 일은 아니다.

○○공사, 목회자, 대학교수 등 소개가 있었지만, 직업과 신체조건이나 인상은 좋았지만 대화를 하면서 평생 함께 하기엔 무리라는 판단을 내리고, 하나님이 내게 짝으로 보내준 사람이 아니라고 결론을 내리고 그녀는 "너무 훌륭하신 분이라 제가 부족해서 안 되겠어요."로 거절했다. 특히 목회자 사모로서는 잠이 많은 그녀에게 잠이 넘어야 할 큰 산이었다. 하루도 거르지 않고 새벽제단을 쌓을 자신이 없었다. 그래서 그녀의 부족함을 솔직히 털어 놓고 목회자를 도와 동역하는 아내의 역할을 할 자신이 없다고 진심을 담아 전하였다.

지인 H가 1986년 3월 그녀에게 마지막 맞선을 볼 대상자를 추천했다.
배우자를 위한 기도제목들과 많은 부분이 일치하였다. 한 가지 마음에 걸리는 것은 장남이라는 것이다. 그래서 부모님과 의견을 나누고 맞선을 보기로 결정하였다.

1986년 3월 16일. 봄바람이 불어 정성들인 머리카락을 바람의 뜻대로 헤집어 놓는 날이었다.

주일예배를 마치고 오후 3시에 성신여대 앞 태극당에서 맞선을 보기로 결정한 날이다. 예배를 마치고 성가대원들과 점심을 먹으며 소소한 이야기들로 후식 같은 수다를 떨다가 한 사람이 벼리에게 물었다.

"언니, 오늘 무슨 날이에요? 왜 이렇게 예쁘게 하고 왔어요?"

"평소와 다를 바 없는데 뭐가? 나 원래 예쁘잖아."

"맞아요, 언니 미스 돈암이라는 것은 인정하는데 … 이상하다."

"뭐가?"

"언니, 연애해요?"

"아니? 나 오늘 맞선 보러 가는 날이야."

"아, 그래서 이렇게 더 예쁘구나."

"언니, 맞선 보러 나가는데 떨리지 않아요?" 한 살 아래인 인숙이가 진지하게 물었다. 인숙이도 의대에 다니는 학생과 열애중이라는 말을 벼리에게 털어 놓은 적이 있다. 의대생을 둔 콧대 높은 부모님이 두 사람의 벽이라고 고민을 털어 놓았었다.

"떨림 보다 어떤 사람인가 설레긴 하지."

"어떤 사람이에요?"

"중매하신 분 이야기로 신실한 기독교인이라고 하더라."

"좀 더 자세히 말해 봐요."

"나보다 두 살 연상이고, 부모님 모두 생존해 계시고, 남동생 한 명이 있다고 해."

"직장은요?"

"금융권 샐러리맨."

"어떤 각오로 맞선 자리에 나가세요?"

"좋은 질문이야."

"어떤 각오로 나가시는데요?" 현숙이가 다급히 다시 물었다.

"그동안 미래의 배우자를 위해서 기도로 준비했잖아."

"맞아요."

"오늘 만날 사람은 내가 기도했던 내용들의 70%만 맞으면 … 아, 아니다. 50%만 맞으면 난 올 가을에 결혼할 거야."

"맞아. 언니 결혼적령기는 어려서부터 27세로 정하고 기도했다고 했죠?"

"바로 올해가 27세 이니까 … "

"언니, 배우자를 위해 어떤 조건들을 놓고 기도했어요?"

성가대 청년들의 눈과 귀가 모두 벼리 얼굴에 빼곡하게 박히고 있음을 알았다. 1년 전 피아노 반주자인 종민 언니가 결혼을 할 때 벼리 자신도 저 동생들처럼 여러 가지 질문들로 종민 언니의 연애 시절부터 결혼에 이르기까지 과정들을 세세히 들었던 기억이 났다. 질문하는 동생들의 궁금증을 풀어주기 위해 입을 열었다. 그녀들도 벼리처럼 기도로 준비하길 바라며.

"배우자에 대한 기도제목은 간단해.

첫째, 예수님을 믿는 사람으로 신앙에 흔들림이 없을 사람.

둘째, 든든한 직장에 근무하여 실직할 위험이 없는 직업을 가진 사람.

셋째, 부모님이 생존해 계시고, 우리는 형제자매가 많으니까 형제가 적은 사람.

넷째, 부모님이 시골에 살면서 땅을 소유하고 있어서 나중에 부모님으로부터 그 땅을 상속받을 수 있는 사람.

다섯째, 평생 나만 사랑해줄 성실하고 착한 사람."

기도제목은 여기까지야. 이상 끝.

"그런데 기도했던 제목들과 얼마나 맞아요?"
"일단은 열심히 신앙생활을 하는 청년이라고 하니까 만나서 대화를 해 봐야지."
"우리도 몰래 가서 볼까?"
"절대 따라오면 안 돼."
"보고 싶은데."
"맞선을 보러 나갈 때 가장 중요한건 어떤 마음가짐으로 나가느냐가 중요한 거야."
"어떤 마음으로 나가는데요?"
"이번 맞선에선 긍정적인 마음으로 상대방을 바라보는 거야. 예전엔 약점을 찾기 위해 눈을 크게 떴다면 이번엔 장점을 찾는데 주안점을 둬야지."
"아, 절반만 맞아도 결혼하겠다는 생각?"
"맞아. 마음가짐이 가장 중요한 거 같아. 이런 생각도 하나님이 주시는 마음 같아."
"올해 언니 결혼하겠네요."
"그렇지. 그동안 하나님께 쌓아 놓은 기도가 있는데."
"부럽다. 나는 선 안 들어오나?" 현숙이가 너스레를 떨었다.

"넌 조금 더 나이가 들어야지. 24살이면 아직 어리잖아."

"그래도 저는 빨리 결혼하고 싶어요. 언니처럼 나도 기도해야지."

"하나님이 그동안 내 기도를 다 들으시고 거기에 맞는 사람으로 예비해 놓으셨을 거야."

"맞아. 올해는 언니 좋은 일 있겠네요."

"그래. 기도해 줘. 그동안 배우자를 놓고 기도했던 그런 사람이 나올 수 있도록."

점심을 먹고 수다를 떠는 동안 시계가 토해놓은 초침소리가 온 공간을 꽉 메워 맞선볼 시간이 되었다. 살 속으로 스미는 봄바람을 맞으며 약속장소인 태극당으로 나갔다. 맞선을 주선한 분과 함께 앉아있는 젊은 청년이 보였다. 무심한 듯 빠르게 스캔하는데 3초도 걸리지 않았다. 이목구비가 뚜렷한 흰 피부의 바른 자세로 앉은 말쑥한 차림의 청년이었다. 일단 첫인상이 좋아 거부감은 없었다. 청년은 교회학교에서 유년부 교사로 섬기고 있다고 하였다. 직장은 그녀가 기도했던 평생직장으로 고의적으로 잘못을 저지르지 않는 이상 실직할 일이 없는 농협에서 근무하고 있다고 하였다. 부모님은 모두 생존해 계시고, 아버지가 O산에서 2천 평의 농지에 벼농사를 짓고 계신다고 했다. 그녀가 알고 있는 시골과는 달리 농사를 지은 벼나 농작물은 수확해서 집으로 들이지 않고 건조창고에 들여서 전량 정부에 수매를 한다고 하였다. 가족관계는 부모님과 남동생 1명이 모두였다. 그녀와는 대조적인 가족의 구성원이 아주 심플한 핵가족이었다. 이야기를 나누는 동안 이야기 속에서 묻어나는 느낌이 심성이 맑고, 신앙심이 깊은, 선한 사람이었다. 맞선의 형식이라 그런지 첫 만남으로 떨려서인지 모르겠지만 의례적인 적당한 질문과 대답이 오간 후 다음 기회에 만나기로 하고 헤어졌다.

저녁이 되자 맞선을 주선한 H로부터 전화가 왔다.
"오늘 그 청년 어땠어?"
"글쎄요."
"첫 인상이 좋지? 남자 쪽에서는 마음에 쏙 든다고 다음에 다시 만나고 싶다고 하는데 어떻게 할까?"
"한번 만나서 사람을 어떻게 다 알겠어요."
"그래, 그러니까 더 만나봐."
"그러죠."
"그럼, 직접 연락을 하게 연락처를 알려줘도 되지?"
"네, 그러세요."
"어디 전화번호를 알려줄까?"
"직장에서 주로 시간을 보내니까 직장번호를 알려주세요."

유일한 통신수단은 핸드폰이 없던 시절이었으니 직접 통화할 수 있는 직장 전화번호를 주고받아 연락하는 수밖에 없었다. 궁금증이 극에 달한 성가대 동생들이 전화를 하여 물었다.
"언니, 언니가 기도했던 그런 사람이 나온 거 에요?"
"더 만나봐야 알겠지만 아마도?"
"와, 정말 하나님이 기도를 들어 주셨구나."
"내가 너희들에게 당부하고 싶은 말이 있어."

"뭔데요?"

"결혼할 배우자를 위해서 끊임없이 기도하고, 상대방을 만나러 나갈 때는 어떤 사람일까? 라는 마음으로 구경하러 나가면 안 된다는 거야. 긍정적인 생각으로, 기도제목의 50%만 맞으면 결혼을 해야지 하는 진지한 마음으로 임해 봐. 세상에 내 마음에 100% 맞는 사람은 없는 거야. 내가 상대방이 맘에 들어도 상대방이 나를 탐탁하게 생각하지 않을 수 도 있으니까."

"알았어요."

"마음가짐이 중요하다는 것을 강조하는 거야."

"언니 말 잊지 않고 명심할게요."

동일 법인인 여중과 여고에서 6년 동안 공부를 하며 성장한 벼리는 여중과 여고 선생님들로부터 배우자감에 대해 세뇌를 당했다. 평생을 함께 살 사람인데 결혼할 사람을 만날 때는 건강에 이상이 없는지 건강검진 결과지를 교환해야 하고, 만나는 남자가 모르게 비밀리에 생활기록부를 꼭 떼어보아야 한다. 생활기록부를 보면 가정환경과 성적과 그 사람의 성품이나 인성을 알 수 있어서 생활기록부를 꼭 떼어보아야 한다고 강조했다. 학교에 근무하고 있는 그녀에게는 생활기록부를 발급받는 것은 좀 더 수월하게 떼어볼 수 있는 노하우가 있었다. 개인정보가 지금처럼 강화되어 있지 않은 때여서 이름과 생년월일을 알면 가능한 일이었다.

그녀는 대화중에 출신 학교와 생년월일을 물었고, 대화중에도 그것을 기억 속에 저장해 두었다. 그리고 다음 날 바로 출신 학교에

편지를 했다. 취업을 위하여 생활기록부 사본이 필요한데 직접 방문할 수 없어서 우편으로 증명서를 신청한다고 하였다. 우편물을 받을 주소는 그녀가 살고 있는 아파트로 했다. 증명서는 등기우편이 아닌 일반우편으로 받아야 했다. 일반우편은 번지 내 투입이 되어 거주자와 이름이 달라도 손쉽게 우편물을 받아볼 수 있다. 서류를 받는 사람이 본인 이름이니 학교에서는 본인이 신청한 것으로 간주하고 발급해 주었다.

생활기록부를 꼼꼼히 살펴보았다. 2세의 성적에 영향을 줄 성적은 상위권이었다. 3개 학년 담임선생님의 종합평가에 통솔력과 지도력이 있고, 성실하고, 부모님의 자녀에 대한 교육열 등 모두 좋은 평가를 해 주었다. 상·벌 란을 살펴보니 가장 눈에 띄는 것이 교내 백일장에서 수상을 한 기록이 있었다. "4월의 십자가"라는 시로 수상을 한 것이었다. 백일장에서의 수상한 기록이 마음을 끌며 여운을 남겨주었다. 아주 멋진 사람이라는 생각이 들었다. 그것도 4월의 십자가라는 깊이 있는 시를 쓸 수 있다는, 그런 신앙을 가진 사람이라는, 백일장에서 받은 수상 내용이 그 사람을 평가하는데 더 후한 점수를 줄 수 있었다.

사회 초년생인 그는 사회생활 선배인 벼리의 직장생활에 대해 궁금한 것들이 많았다. 서로의 직장생활을 지지하고 격려하며, 교회학교 교사의 사명 감당에 대해 서로 격려하며 그해 10월에 벼리는 결혼을 했다. 배우자를 위해 기도하라던 아버지의 말씀을 듣고 처음에는 너무 어린 나이라 웃어 넘겼다. 어린 나이에 배우자를 위해 기도하기는 이르다고 생각했다. 중학생 때부터 시작한 기도가 27세 되던 10월 25일에 결실을 맺었다. 기도의 맛을 알기에 자녀들에게 아버지가 그녀에게 하셨던 대로 아이들을 교육했다. 아이들은 엄마의 끊임없는 기도에 감동하였고, 자신들도 기도로 준비하겠다고 하였다.

정작 결혼할 나이가 되었을 때 큰 딸 별람이는 믿지 않는 가정의 청년을 데리고 와서 소개했다. 지금은 믿음이 없는 친구고, 자신을 따라 예배를 드리지만 전도하여 교회 등록한 후 세례를 받게 하겠다고 했다. 그런 다음 나중에 청년과 결혼을 하겠다는 포부를 밝혔다. 친구는 만나다가 헤어질 수도 있는지라 아무 말하지 않았다. 단지 신앙생활 잘 하라는 당부를 하였다. 두 사람은 주일을 지키며 예배를 드렸다.

"엄마, 아빠, 저 드릴 말씀 있어요."
별람이가 진지하게 가족을 불러 모아 이야기 했다.
"그래? 무슨 중요한 말이야?"
"저 O수랑 결혼을 전재로 사귀기로 했어요. 그래서 저보다 한 살 위지만 그동안 이름을 불렀는데 이제부터는 오빠라고 부를 거구요 … "
"부모님은 예수 믿으시나?" 남편이 물었다.
"아뇨. 불교인데 제가 전도할 것입니다."
"그래. 무교도 아니고 불교라고? 불교면 네 믿음까지 흔들리는 거 아닌지 모르겠다."

"저는 절대 흔들리지 않아요. 그리고 제가 전도할거에요."

" …… "

"저 못 믿으시겠어요?"

"같은 신앙을 가진 분이면 좋겠는데, 결혼 전에 전도하면 좋겠네." 별람이 말이라면 언제나 긍정적으로 들어주고 격려하는 별람이 아빠가 거들었다.

"네. 지금은 중국에 계시니까 할 수 없지만 제가 기회가 되면 전도할 겁니다."

"중국에서 계신다고?"

"네. 중국에서 사업을 하셔요. 나가신 지는 15년도 훨씬 넘었어요."

"한국에 나오실 일은 없고?"

"가끔 나왔다 가셔요."

"그게 아니라, 아예 한국에 나오실 일은 없냐고. … "

침묵만 지키고 있던 그녀가 예민한 반응을 보이며 입을 열었다.

"네. 사업을 접으면 언제가 될지 모르지만 그때는 나오시겠죠."

"O수가 지금 신앙생활을 하니까 믿음이 가긴 하지만 시부모님이 나오시면 문제는 달라질 수도 있어."

"지난번 나오셨을 때 뵈었는데 저희들 종교는 터치하지 않기로 했어요."

시간이 흐른 후 2018년에 결혼을 하겠다고 하였다.

중국에서 O수 부모님이 나오시고 양가 부모가 상견례 자리에 참석했다. 결혼 날짜는 예식장 형편을 보고 빈 날이 있으면 잡기로 하였다. 그녀 부부는 아이들 결혼식은 교회에서 목사님의 축복을 받으며 시작하는 것이 이상적이고, 당연한 일이라고 믿어왔다. 그런데 별람이가 예배당보다 사진이 예쁘게 잘 나오는 결혼식장이 좋겠다고 하였다. 장소는 예배당이 좋지만 본인이 원하니 양보하기로 했다. 예식을 주관하는 것은 당연히 목사님을 모시고, 목사님의 주례로 치러지는 것이라고 믿었다. 그래서 담임목사님께 주례를 부탁하고 순서지까지 만들었다.

별람이와 결혼식 방법 때문에 결혼을 앞두고 갈등을 겪었다. 목사님 주례는 받을 수 있는데 찬송가는 1절만 하는 것이 좋겠다고 한다. 인생에서 한번 밖에 없는, 축복받으며 시작하는 중요한 일에 대해 왈가왈부하는 것은 옳지 않으니 목사님께 맡겨야 한다고 설득하였다. 별람이는 아빠를 설득했다.

"4절까지 모두 부르는 찬송은 시댁에서 불편할 수 있으니 1절만 했으면 좋겠어요."라고 하였다. 그렇지 않으면 저 결혼 안할래요."

"시댁에 선교사로 파송되어 가는 거라며?"

벼리는 자신이 선교사가 되어 시댁으로 파송되는 걸로 생각하라던 별람이가 어떻게 그런 발언을 할 수 있는지 못마땅했다.

"그러니까 날 믿고 내가 원하는 대로 해 주세요."

"축복 받으면서 첫 발을 내딛으라는데 어떻게 그래?"

"무조건 우리 원하는 대로 하면 어떻게 전도를 해?"

"난, 전도고 뭐고 다 필요 없어. 찬송가 1절만 해야 한다고 하면 이 결혼 없던 걸로 하자."

"그렇게 받아들이기 싫으면 저 결혼 안 해요."

"하지 마."

극한 상황에 처하자 별람이 아빠는 담임목사님께 전화를 하였다.

"목사님 죄송합니다. 별람이가 찬송가를 1절만 하는 걸로 하자고 해서요 … 그렇지 않으면 결혼식 안 하겠다고 합니다."

"네. 알겠습니다. 1절만 하죠."

"목사님, 감사하고 죄송합니다. 그럼 1절만 하는 걸로 알겠습니다."

결혼예식 순서지가 나오고 오타가 있는지 확인해 달라는 파일을 함께 열어보았다. 순서지에는 찬송가 4절까지 모두 나와 있었다. 별람이는 약속과 다르다며 결혼식장에 가지 않겠다고 하였다. 당시 그녀 부부는 몰랐다. 찬송가 1절만 불러도 순서지에는 4절까지 모두 나간다는 것을. 아무도 그런 설명을 해주지 않았다. 별람이 아빠는 다시 목사님께 전화를 하였다.

"목사님, 결혼예식 때 찬송가 1절만 부른다고 했는데 순서지에 4절까지 모두 나왔다고 결혼을 하지 않겠다고 하는데 어쩌죠?"

이때 목사님이 설명해 주셨어야 했다. 순서지에만 그렇게 나간다고. 그런데 대답은 이렇게 하였다.

"권사님, 별람이가 편할 대로 해 주세요. 제가 주례하지 않겠습니다. 주례 없이 성례를 진행하시죠."

새롭게 출발하는 가정에 축복받을 기회를 저버린 것 같아 하나님과 목사님께 면목이 없고, 부모로서 자존심에 흠집이 생긴 것 같아서 벼리는 결혼식 1주일 전까지 결혼을 반대했다.

"나는 지금이라도 네가 결혼을 하지 않았으면 좋겠어. 왜 믿지 않는 가정과 결혼을 하면서 엄마 아빠 가슴을 아프게 하는지 모르겠다."

"엄마, O수 오빠 당사자가 예수 믿겠다고 세례까지 받았고, 신앙생활 잘하면 되지 부모가 안 믿는다고 이러면 안 되잖아."

"온 가족이 예수를 믿지 않으면 결국 네가 힘들어지는 거야. 이렇게 찬송가 하나 가지고 이러는 널 생각해서 그러는 거지."

"엄마, 나는 이제부터 시댁으로 파송된 선교사야. 내가 영혼구원을 시키면 되잖아."

"쉬운 길을 두고 왜 힘든 길을 가려는지 이해를 못하겠다."

"조금만 기다려 줘. 내가 시부모님도 다 전도할거니까."

"왜 그토록 고집을 부리는지 모르겠다.

"엄마, 날 좀 믿어줘."

"제발."

"엄마, 부탁이야. 엄마가 할 일은 시댁에 선교사로 파송된 날 위해서 사역을 잘 감당할 수 있도록 매일 기도해 주는 거야. 그건 해 줄 수 있지?"

지금껏 부모님이 쌓아놓은 기도의 열매를 따먹기만 했던 그녀가 이제 자녀에게 기도의 열매를 맺게 해 줘야 할 차례가 되었다. 벼리 부부의 기도가 많이 부족해서, 하나님은 그녀의 부부에게 기도할 제목들을 많이 주시는가보다고 했다. 코로나 19가 터지고 사업이 어려워지자 별람이 시부모님은 중국에서 사업을 접고 2020년 12월 25일 성탄 선물처럼, 별람이가 꼭 전도하겠다고 벼르는 한국으로 오셨다. 지금 현재 큰 딸 부부와 손자는 열심히 재미있게 신앙생활을 하고 있다. 손자는 교회에서 들은 성경말씀을 할머니인 벼리에게도 전한다.

"할머니, 오늘 교회에서 선생님께 들었는데요, 예수님도 엄마랑 아빠가 있대요."

"그래? 이름이 어떻게 되는데?"

"엄마 이름은 마리아고, 아버지는 요셉이래요. 그런데 예수님이 말들이 사는 곳에서 태어나셨대요. 너무 추웠겠지요?"

"그래. 방이 없어서 말들이 사는 곳에 돈을 주고 들어갔는데 그곳에서 태어나서 많이 추웠겠네. 단우가 이야기 해주니 너무 재미있다. 다음에는 둔촌동 할머니 할아버지에게도 교회에서 배운 이야기들을 꼭 들려줘."

"네. 꼭 들려드릴 거예요."

벼리는 손자에게 둔촌동 할머니 할아버지께도 복음의 말씀을 전하라고 한다. 별람이와 단우가 힘을 합쳐 전도에 힘을 쏟게 하려는 것이다. 큰 딸 별람이가 결혼할 때 말했던 대로 결혼하여 선교사로 파송되어 남편과 아들 두 사람의 영혼구원을 하였으니 큰일을 한 것이다. 이제 남은 시부모님은 언제 전도될지 모르겠지만 하나님이 계획 하고 일하심에 그 가정구원의 일들도 포함되어 있으리라 믿는다.

둘째 딸 봄별이가 미루던 결혼을 한다고 했다. 결정 장애인지 미루기만 하는 봄별이 결혼을 위해 그녀는 별람이에게 부탁을 했다. 결혼박람회 좀 데리고 다니라고. 별람이는 봄별이와 결혼박람회에 다니며 현실적인 이야기를 해 주었다고 했다. 결혼을 언제 할 것인지 결정은 본인이 내려야 하고, 결혼식은 내가 원하는 날에 하려면 최소한 1년 이상은 기다려야 한다고. 어느 예식장에서 결혼식을 하고 싶은지 장소를 결정하고 예식장이 비어 있는 날이 있으면 그 날을 잡는 것이 최상이라고. 가을부터 다닌 박람회에서 예식장을 구하지 못하여 한 해를 넘기고 그것도 예약 취소로 남아있는 2023년 12월 9일 오후 6시로 예식장이 비어 있는 날을 결혼예식일로 잡았다.

결혼식 전 상견례가 치러지던 장소에서 그녀의 남편은 예비사돈에게 미리 양해를 구했다.

"봄별이와 후니 결혼식은 하나님의 축복을 받으며 혼례를 올리고 싶습니다."

"혹시 종교 있으세요?"

"없습니다."

"우리는 기독교이니 목사님께 주례를 맡기고 싶은데 어떠하신가요?"

"많은 사람들의 축복을 받으면서 하는 결혼식이 좋죠. 목사님이 주례를 해 주셔도 저희는 상관없습니다."

이야기가 의외로 순조롭게 진행되었다. 이번 결혼식에서만은 별람이 때 잃은 신뢰를 만회할 것이라고 확신하였다. 그녀의 남편은 상견례 직후 바로 담임목사님께 예식 일시를 알려드리고 주례가 가능한지 알아보았다. 다행히 다른 중요한 일정이 잡혀있지 않아 결혼식 주례를 집례하기로 결정하였다. 그녀는 별람이 결혼식 때

데인 상처가 부풀어 올라 속이 울렁거렸다. 그래서 좀 더 시간을 갖고 천천히 말씀드리는 것이 좋지 않은가 물었지만 남편은 목사님의 스케줄관리를 위해서 미리 약속을 잡아야 한다고 했다. 목사님께 결혼 주례를 부탁하고 결혼식 2주전에 봄별이와 후니를 데리고 담임 목사님께 인사 드리러 교회에 갔다.

결혼식 날짜가 가까워지자 별람이는 봄별이에게 물었다.
"주례는 어떻게 해? 양가 부모님이 덕담으로 대신하는 거야?"
"아빠가 목사님께 주례를 부탁했고, 그래서 목사님께 인사를 드리러 갔었어."
"그럼 예배 식으로 하는데 그거 알고 있는 거지?
"아냐, 목사님이 주례해 주시기로 했어."
"네가 뭘 모르는데 목사님이 주례를 하시면 예배식이 되는 거야."
"후니 부모님은 주례만 목사님이 하시는 줄 아는데?"
"엄마, 아빠께 물어봐. 우리 교회는 목사님이 주례하시면 예배식으로 처음부터 끝까지 목사님이 진행하시는 거야."
"앗, 그건 아닌 걸로 알고 있는데 어쩌지?"
"그럼 후니가 예배 식으로 진행된다고 부모님께 미리 말씀 드리라고 해."
봄별이와 후니가 바빠지기 시작했다. 후니 부모님이 한복을 맞추러 그녀가 사는 동네 근처로 오시는데 예비사돈을 만나 함께 의논할 일이 있다며 약속시간을 물어 왔다. 상견례 장에서 얼굴을 익혔으므로 자연스럽게 인사를 나누고 예식 준비에 대해 이야기를 하였다. 한참을 핵심이 아닌 변두리 이야기 하다가 본론이 나왔다.

"결혼식 주례를 저희가 잘 몰라서 목사님이 하셔도 된다고 했는데 목사님이 주례를 하시면 예배식이 된다고 이야기를 들었습니다."

"네. 맞습니다. 목사님이 사회부터 축복기도까지 모두 진행하십니다."

"아, 저희는 목사님께서 주례사만 하시면 좋겠습니다."

"저희 교회는 목사님께 주례를 맡기는 것은 처음부터 예식이 끝날 때까지 목사님이 진행하시는 것으로 받아들이고 진행합니다."

"목사님께 주례사만 해 달라고 하시면 안 될까요?"

"저희가 첫 아이 결혼식 때 경험이 있어서 잘 알고 있습니다. 교회에서 정해진 규정에 따르는 조건으로 주례를 진행하십니다."

"그래서 저희가 목사님을 만나서 사정 이야기를 하고 주례사와 축복기도만 해 달라고 부탁드리면 안 될까요?"

"네. 안됩니다. 교회 규정으로 정해져 있어서 따르지 않으면 주례를 맞지 않으십니다. 저희 면을 세워주기 위해서 그냥 따르시면 안 될까요?"

"제 어머니와 안 믿는 친척들이 거의 대부분이라 … 저희 면도 생각해 주시면 감사하겠습니다."

벼리는 속이 타오르기 시작했다.

"큰 딸 별람이 결혼식 때 목사님께 주례를 부탁했다가 취소한 경험이 있어서 이번까지 그러면 정말로 면이 서지 않습니다. 어렵겠지만 도와주시면 감사하겠습니다."

"사정은 알겠는데 저희도 생각을 좀 해 주세요."

"후니야, 내가 질문하겠는데 정직하게 대답해야 한다."
"네."
"종손임에도 네가 예수를 믿겠다고 해서 세례를 받았고, 봄별이와 함께 신앙생활 하는 것으로 알고 있는데 누가 강요해서 다닌 거야?"
"아닙니다. 제가 봄별이랑 함께 교회 다니고 싶어서 다닙니다."
"그럼, 결혼해서는 어떻게 할 거야?"
"결혼해서도 계속 교회에 다닐 거예요."
"다시 물을 게. 네 종교는 뭐야?"
"저는 기독교에요."
"나는 예수 믿지 않는 사람하고는 봄별이 결혼시키지 않을 거야."
"네. 저는 끝까지 교회에 다닐 거예요."

후니 부모님 앞에서 후니 입술을 통해 나오는 말들을 확실하게 확인시켜 주었다.

"봄별이 어머니, 저희가 아이들 종교 가지고 그러는 게 아니에요. 예수 믿는 걸 반대하는 것이 아닙니다. 종손이다 보니 제 시어머니가 교회 식으로 하는 건 힘들어 하시는 것 같아요. 그래서 주례와 축복기도만 했으면 해요."

점심부터 시작한 화기애애했던 대화가 해가 서쪽하늘을 붉게 물들인 시간도 부족해서, 서쪽하늘 노을을 진회색 빛으로 물들인 하늘처럼 그녀의 목을 짓누르고 있다. 테이블 위에 낮게 내려온 대화가 착지할 자리를 찾지 못해 테이블 위를 빙빙 돌고 있었다. 밤이 새도록 이야기를 나눈다 하여도 결론이 나지 않을 것 같았다. 봄별이 아빠가 먼저 입을 열었다.

"오늘은 많이 늦었습니다. 여기서 결론이 나지 않을 것 같습니다. 좀 더 생각해 보시고 다음에 다시 이야기 나누시지요."

"네. 그러는 것이 좋겠습니다."

후니 아빠의 말을 끝으로 양가의 부모와 당사자들은 자리에서 일어나 각각 자신의 집으로 향했다.

이번에도 또 목사님의 주례를 취소해? 그건 자존심상 안 될 일이었다. 목사님 주례로 결혼예식을 올리기로 했다가 갑작스럽게 또 변경이 되었다. 너무 교회식이면 믿지 않는 시할머니에게 미안하다며 주례와 기도는 하되 찬송을 부르면 너무 교회식이니 찬송을 빼고 예식을 하면 어떻겠느냐는 사돈 쪽의 요청에 또 한 번 가슴이 무너지고 아려왔다. 교회 내규대로 하자면 목사님께서 주례를 하시면 순서는 무조건 교회에서 하는 대로 따라야 하고, 혼주가 원하는 대로 조금도 바꿀 수 없다고 하였다. 둘 밖에 없는 딸들이 하나님의 축복을 받으며 결혼식을 올려야 하는데 왜 이토록 부모를 힘들게 할까? 마음이 아프고 정신적 고통 속에 있을 때 통 큰 생각을 가진 분이 그녀에게 말했다.

"결혼식 날엔 당사자인 아이들이 주인공인데 가능하면 주인공이 원하는 대로 해 주세요."

"부모 마음을 너무 몰라주니 속상해요."

"신앙생활 안 하겠다는 것도 아니고, 가장 축복해야 하는 날인데 … 아이들이 행복하게 결혼식을 올릴 수 있게 해 주세요."

두 번째 겪다보니 그녀의 결단도 빨라졌다. 통 큰 조언을 해준 말을 곰곰이 생각해보니 틀린 말이 아니었다. 가장 행복해야 하는 평생 단 한번 밖에 없는 귀중한 날 얼굴을 붉힌다고 안 되는 일이 되는 것은 아니었다.

일보 전진을 위해 그녀 부부가 한발 물러나 준다면 아이들 마음도 편안해지고 행복한 마음으로 결혼식을 올릴 수 있는 것이다. 개구리가 멀리뛰기 위해 몸을 움츠리듯 일보 전진을 위해 한발 물러섬이 필요한 것이라는 깨달음을 주셨다. 둘째 딸 봄별이 가정에도 큰 딸 별람이 가정처럼 신실하고 재미있게 신앙생활 할 수 있기를 위해 기도하라고 기회를 주시는 것 같다. 눈앞에서 소음으로 밖에 느껴지지 않는 볼륨이 증폭되는 잔소리는 No.

보이지 않는 곳에서 조용하고 간절한 기도를 하는 것은 Yes.

기도가 가장 빠른 응답이 될 것이라는 것을 깨닫게 하였다.

작가의 말

큰 바람 없이 잔잔한 호수 같은 삶을 살아온 벼리, 아버지를 추억하며, 일상에서 하나님과 나누는 대화들이 담겨있다. 주인공 벼리의 아버지가 가족들과 헤어져 천국으로 가신지 30년.

1960년대부터 2024년 현재를 배경으로 한 탈색되고, 먼지가 쌓여 묵은내 나는, 하지만 벼리의 삶에 없어서는 안 될 이야기들이 전개된다.

등잔불 아래에서 만들어지고, 익혀갔던 추억들.
이불 속에서 잠들기 까지 옛날이야기를 해 달라고 조르며 들었던 성경 속 인물 이야기. 아버지를 통해 이야기를 들으며 꿈꾸게 하신 하늘 아버지가 그녀의 인생을 계획하고 디자인하여 오늘의 벼리로 만들어 주었다고 한다.

화자인 벼리의 추억들을 한권의 책으로 엮었다. 벼리가 말한다. 아버지를 한마디로 정의한다면 무한 신뢰, 무한 사랑, 세상에서 가장 훌륭한 사람, 서열을 정한다면 하나님 다음으로 정의할 수 있다고.

그녀는 아버지란 글자만 봐도 가슴이 따뜻해지고, 든든하고, 힘이 되는 단어라고 말한다.